ちくま新書

天皇の戦争宝庫

——知られざる皇居の靖国「御府」

1271

井上亮
Inoue Makoto

天皇の戦争宝庫——知られざる皇居の靖国「御府」【目次】

序章　存在が隠されている皇居の一角　007

第一章　「朕が子孫、臣民に知らしむべし」——戦勝の記念と皇恩　013

唱歌「振天府」／国民と国家の関係を変えた日清戦争／大量の戦利品の陳列場／振天府の構造／戦病死者の写真と名簿を取り寄せる／振天府に展示されたもの／イメージ戦略としての御府／戦利品、遺品に付加される「物語」／教育的効果／国威発揚の宣伝装置として

第二章　輝ける明治の戦果——国民教育の施設へ　063

義和団事件から北清事変へ／北清事変の戦利品／懐遠府への違和感／日露戦争の辛勝／建安府はどこに建てられたか／消えた懐遠府／建安府の構造／御聖徳のエピソード／建安府本館の収蔵品／建安府の付属施設／明治天皇と御府

第三章 開放と崇敬の衰退——大正期の遠い戦争 115
御府拝観者の激増／四竈孝輔『侍従武官日記』のなかの御府／第一次世界大戦とシベリア出兵／第四の御府「惇明府」の造営／惇明府の構造／建安府と懐遠府を頻繁に訪れた大正天皇／戦争の記念庫から慰霊・顕彰施設へ／国民を束ねる「物語」が失われた大正期

第四章 靖国神社との直結——昭和の「十八年戦争」 151
明治天皇の尊像／「流転の御府」懐遠府のゆくえ／見送られた遺族拝観と議員のドタキャン／御府の新時代到来／靖国から御府への巡礼コース／新御府の具体案が固まる／昭和の新御府「顕忠府」の完成／昭和天皇が顕忠府を天覧／幻の第六の御府／顕忠府の構造／顕忠府拝観者は約二万人

第五章 封印された過去——歴史の宝庫として残った戦後 201
敗戦／御府の葬送／戦後の御府／御府の戦利品で火がついた中韓の歴史論争／御府の現在／よみがえった懐遠府／昭和天皇の遺品

序　章

存在が隠されている皇居の一角

近年、皇居は次々と開放されている。

二〇一四年に天皇陛下の傘寿《さんじゅ》（八十歳）を記念して、宮内庁庁舎前から北の丸公園側の乾門《いぬいもん》までの乾通りが一般公開され、春の桜、秋の紅葉のシーズンに二十―五十万人もの人々が皇居内に入ることができるようになった。

従来から宮殿前や二重橋などを巡る皇居の一般参観が行われていたが、事前申し込みが必要で平日のみだった。これが一六年六月から土曜日も実施され、当日受付でも可となった。一九六八年から一般開放されている東御苑《ひがしぎょえん》は外国人観光客で日々にぎわっている。

皇居の深奥、吹上御苑《ふきあげぎょえん》にも一般人が足を踏み入れることができる。抽選による少人数とはいえ、毎年春秋に自然観察会が行われている。ネットでグーグルの衛星画像を見ると、御所や宮中三殿《きゅうちゅうさんでん》を含め皇居の隅々まで丸裸だ。

戦後七十年の二〇一五年八月には昭和天皇の終戦の「聖断」の場、大本営地下壕「御文《おぶん》庫《こ》附属室」の図面と映像も公開された。皇居の空間だけではなく、歴史の引き出しも開錠され、奥深くに隠れていた史実の現場がわれわれの目の前に現れた。

戦前から皇居は観光スポットではあったが、「畏《かしこ》きあたり」という言葉が日常語として生きていた時代までは、近づく者は畏怖の〝電磁波〟を感じたものだった。天皇の居住地である皇居は「禁中《きんちゅう》」ともいわれ、常人がけっして入ることのできない場所の代名詞だった。そこには見ても話してもならないタブー（禁忌）が存在する、と思われていた。

現在の皇居にはもう未知の領域はなくなったかのようである。いま皇居を訪れる人たちは、浅草や築地市場と何ら変わらない感覚でお濠の内側を見て回っていることだろう。

しかし、まだ外部の人間が踏み込むことをかたくなに拒み、その存在が隠されている一角が皇居にある。

その姿は市販の地図やグーグルの衛星画像で確認することができる。なのに、何もないかのごとく、皇居を語る際にはそれは無視され、詳しく知る人間もほとんどいない。

それらは吹上御苑の南端にある。桜田濠《さくらだぼり》を隔てて、憲政記念館（かつて陸軍省・参謀本部があった）と向かい合う場所だ。グーグルの衛星画像を見ると、樹木に囲まれて寺のお堂のような瓦葺きの建物がいくつか建っているのがわかる。

これらはかつて御府と呼ばれていた。「ぎょふ」と読む。日本が近代以降に行った戦争の記念品・戦利品を収蔵した倉庫であり、戦没兵士の写真・名簿などを納め慰霊・顕彰する施設でもあった。戦後に近現代史や皇室を扱った文献で御府が登場するものは数件に過ぎず、これを主テーマにした歴史研究は皆無といえる。

何しろ宮内庁が見学を許可しないので実物を見ることができない。建物の正確な配置を示した図面も存在しなかった。グーグルや市販の地図には実際とは異なった配置図が載っている。現場に立ち入って確認ができないための誤りだ。筆者が取材をもとに作成した「図1　御府のエリア図」が、現状の御府の建物配置を正確に表した図の初出であろう。

御府は計五つ造られた。各御府の名称と戦争、造営時期（資料によっては相違あり）は次のようになっている。

○振天府《しんてんふ》＝日清戦争、一八九六（明治二十九）年十月
○懐遠府《かいえんふ》＝北清事変（義和団事件）、一九〇一（明治三十四）年十月
○建安府《けんあんふ》＝日露戦争、一九一〇（明治四十三）年四月
○惇明府《じゅんめいふ》＝第一次大戦・シベリア出兵、一九一八（大正七）年五月

図１　御府のエリア図

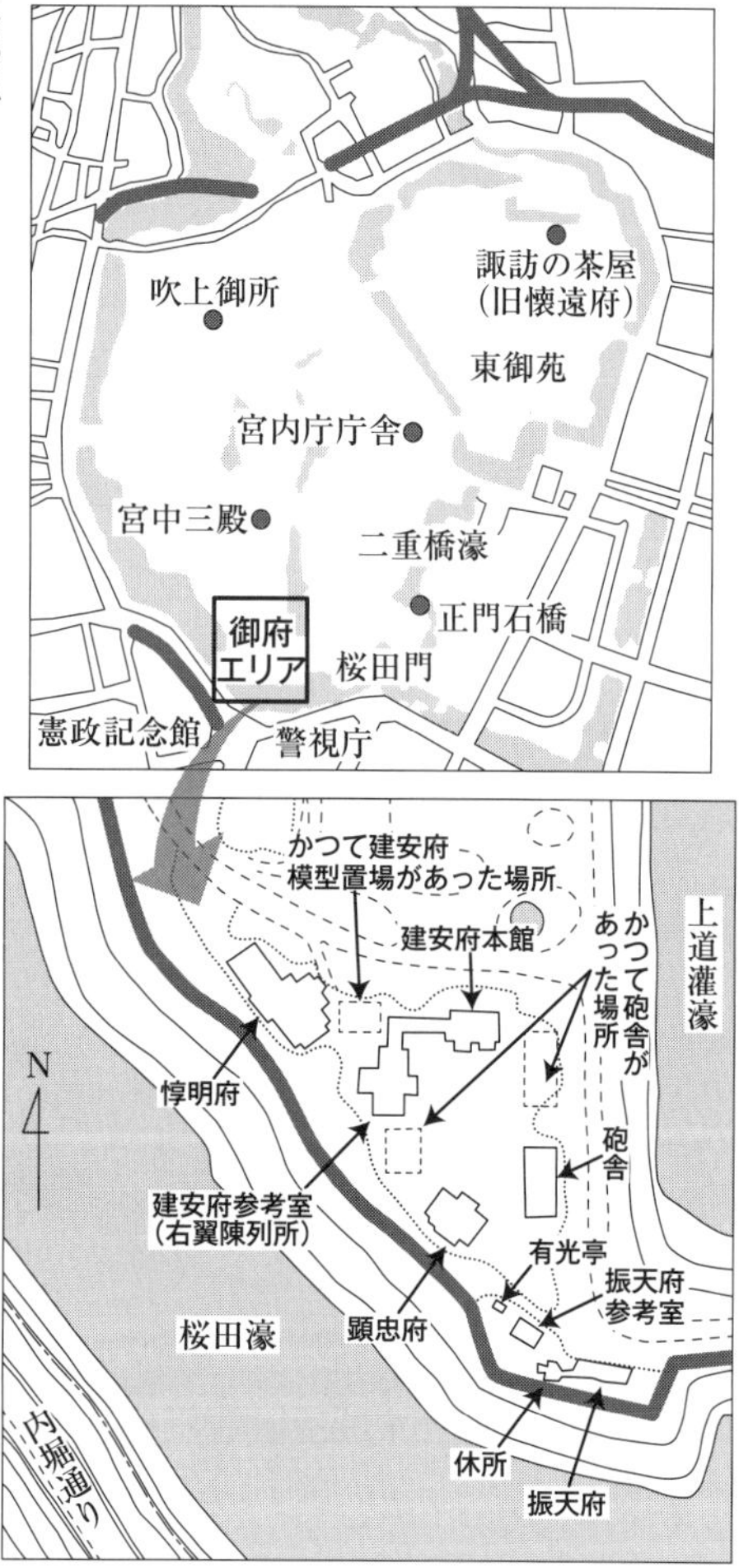

○顕忠府《けんちゆうふ》＝済南・満州・上海事変、日中・太平洋戦争、一九三六（昭和十一）年十二月
御府のほか大砲など大型の戦利品を収蔵する砲舎や天皇のための休所、模型置き場などもあった。戦後に取り壊されたものもあるが、御府本体の建物はすべて往時の姿で残っている。

御府造営の当初の目的は軍が戦場から持ち帰り皇室に献上した戦利品の収蔵庫だった。天皇の足下に戦利品が置かれることで、戦勝と軍の栄光はより権威づけられた。

そして戦没将兵の遺影と名簿を置くことを明治天皇が発案したとされ、天皇によって戦没者が深く悼まれているという物語が国民に伝えられた。単なる倉庫ではなく、戦没者(軍人・軍属に限ってだが)の慰霊・顕彰施設であり、皇居内につくられた「もう一つの靖国神社」ともいえた。

昭和の戦争期になると、「皇居の靖国」としての性格はより強められ、日中戦争以降は靖国神社に合祀された「英霊」の遺族らの御府参拝が慣例となった。

国のため、天皇のため散華《さんげ》した英霊を、靖国神社と御府の「二社体制」で国家と皇室が手厚く慰霊している。その「ありがたさ」が国民を戦争へ動員する物語として流布された。

しかし、太平洋戦争で御府の物語は破たんする。戦死した将兵の骨も回収できない負け戦《いくさ》では戦利品などあろうはずもない。兵士たちがどこでどのように死んでいったかもわからず、遺影の収集や名簿作りもままならなかった。

戦後、御府は「忌むべき日本帝国主義、軍国主義」の象徴的施設とみなされる。昭和天皇の戦争責任が追及され、戦犯訴追もされかねない状況でそのような遺物が皇居に存在することは非常に不都合なことだった。御府は終戦翌年に廃止された。

靖国神社も廃止の危機にあったが、宗教施設として生き残った。日本人の意識のなかでは戦没者の慰霊施設（繰り返すが、軍関係者に限って）として靖国神社だけが残り、御府は驚くほどきれいさっぱりと忘れられた。

昭和天皇の没後、平成時代になって昭和史と昭和天皇に関してより深く研究されるようになったが、先にも述べたように御府についてその来歴を詳しく論じたものはまったくない。その文献・資料の少なさは、「忘れられた」「知られざる」というよりも、「消去された」歴史といえる。御府は皇居に残された最後の禁忌である。

戦争に明け暮れた近代日本では戦没者の慰霊・顕彰は重要な国家事業だった。本書はその事業施設が皇居に存在した歴史を、多いとはいえない資料と証言でまとめたものである。近現代の日本の戦争、天皇の歴史のなかではすき間的なものかもしれないが、戦没者の慰霊・顕彰と天皇が結びついていた「かたち」の知られざる一端が御府の歴史で明らかになるだろう。

*

本書では明治期以降の旧漢字・旧かなづかいの文献を多数引用しているが、現代人が読みやすいよう、筆者の裁量で適宜常用漢字やひらがなに直したり読点を加えたりしている。引用文献中の〔　〕は筆者の注釈である。

第一章

「朕が子孫、臣民に知らしむべし」——戦勝の記念と皇恩

†唱歌「振天府」

弾丸銃砲　鋒《ほこ》　劔《つるぎ》
日清戦利の品々を
つらね給ひし　振天府
かしこしや
大内山《おおうちやま》の上に立てり

将校士官　下士歩卒
戦病死者の面影を
かゝげ給ひし　振天府
かしこしや
天皇陛下の大御《おおみ》しわざ

一九〇二（明治三十五）年の高等小学校向けの唱歌教科書に掲載された唱歌「振天府」。現代ではこのような唱歌を聞いた人、ましてや歌った人はもういないだろう。存命の昭和戦中派の何人かに聞いてみたが、この唱歌を知っている人はいなかった。戦後に日本の唱歌集が数多く出版されたが、「振天府」を載せているものはない。

唱歌教科書には次のような注釈が記されている。

「これは、日清戦争に獲《え》た分捕品を陳列なさるため、又、其の戦に戦死病死した将校士卒たちのおもかげをかかげなさるため、おそれ多くも天皇陛下の大御《おおみ》はからひで御所《ごしょ》のうちに御《お》たてになった振天府のことを詠み奉ったのである」

日清戦争は台湾征服戦争を含めると一八九四（明治二十七）年七月から翌九五年十一月まで続いた。このあと詳しく記すが、振天府は翌九六年に建設されている（写真1）。こ

写真１　振天府（宮内庁宮内公文書館蔵）

の教科書はその六年後の刊行だ。それまでに唱歌で歌われるほど御府＝振天府の存在が国民の中に浸透していたのか。またはその逆で、学校で唱歌を通じて教育の必要があるほど一般にはあまり知られていなかったのか。

　おそらく後者ではないかと思える。この時期、戦没者の慰霊・顕彰施設の総本山である靖国神社でさえ、まだ一般になじみの薄い名前だった。これよりさらに十年ほど後の一九〇五（明治三十八）年から翌年にかけて執筆された夏目漱石の『吾輩は猫である』には次のような文が見られる。

「鼻だけは無暗に大きい。人の鼻を盗んで来て顔の真中へ据え付けた様に見える。三坪程の小庭へ招魂社の石灯籠を移した時の如く、独りで幅を利かしている」

苦沙弥先生を訪ねてきた女性の顔の描写だ。先生の長女のとん子がこう言う場面もある。

「わたしねえ、本当はね、招魂社へ御嫁に行きたいんだけれども、水道橋を渡るのがいやだから、どうしようかと思ってるの」

「御ねえ様も招魂社がすき？　わたしも大好き。一所に招魂社へ御嫁に行きましょう」

靖国神社は一八六九（明治二）年六月に東京・九段坂上に東京招魂社として創建された。幕末に命を落とした尊攘の志士、戊辰戦争での戦死者などを慰霊する場だった。七九（同十二）年に靖国神社と改称されたが、明治期の東京の人たちには「招魂社」の方がなじみのある名だったようだ。

そして、とん子のセリフは現代のわれわれには違和感がある。招魂社＝靖国神社は「御嫁に行く」とか「すき」という対象だろうか、と。

明治期、靖国神社では戦没者を合祀する臨時大祭と同時に戦利品の陳列のほか、競馬や奉納相撲、曲芸団の興業、芝居や軍楽隊の演奏などがにぎやかに行われていた。民衆にとって、靖国神社の祭典は陸海軍のお祭りであった。

兵士たちにも「死ねば靖国へ」という意識は日露戦争に至ってもなかったという。「靖国神社＝英霊を慰霊・顕彰する静謐な施設」というのは、第一次大戦後の欧米の戦没者慰霊のあり方の影響を受けた一九二〇年代以降のイメージだという。明治期、大正期半ば過ぎまでの人々にとってはアミューズメントパークに近い存在だった。

　靖国神社でさえこのように見られている時代、「九重の奥に戦没将兵の慰霊のため天皇御自らお建てになったありがたき御府なる施設」があることなど、庶民にとっては関心の外であっただろう。

　それが証拠に、明治期だけではなく大正・昭和期を通じても文学作品などで御府が登場するものは、筆者が調べたかぎり見当たらない。靖国神社のようにだれもが参拝できるわけではなく、見学者は限られた人々であったから仕方がない。なにせ御府は禁中（皇居）にあったのだから。

　国民に公開はできないが、さりとて秘密にもしたくない。天皇陛下が戦没将兵のために造営したのだから、この聖徳を知らしめる必要がある。そのため、学校唱歌によって「幼き脳髄」に御府の存在をすり込ませる方法がとられたのかもしれない。子どもたちは見たこともない御府の姿を想像して唱歌「振天府」を歌った。

　しかし、この「教育」はあまり成功したとはいえず、苦沙弥先生の娘が「招魂社へ御嫁に行きたい」といったように、市井の人々がその存在を話題にすることはなかった。

†国民と国家の関係を変えた日清戦争

御府の存在が強調されたのは軍国主義が台頭した昭和期だった。修身の授業では御府の由来が教え込まれていた。

「かしこくも明治天皇は、明治二十八年、日清の役が終ると、この戦役に没したわが忠勇な将兵の英霊を、とこしへに慰めようとの大御心から、特に吹上御苑《ぎょえん》の南に、一府を御造営あらせられた。これを振天府と御命名、陣没将校の写真を掲げ、将士の姓名を記録し、あはせて、凱旋《がいせん》将士の献上したあまたの戦利品を収めたまうて、その功績をしのばせられ、末長く後の世まで伝へようと、はからせられた」(文部省『高等科修身一　男子用』一九四四年)

ただ、一八九九(明治三十二)年三月三十一日の「都新聞」に振天府拝観の初出記事が登場し、同年春以降「急に新聞記事を賑わす」ことになったという事実もある。「宮内省によって記者達に喧伝され始めるのが明治32年」(川瀬由希子「軍人の肖像写真と振天府政策」)だったからだ。

日本は日清戦争で一時領有した遼東半島を露独仏の三国干渉により返還せざるを得なくなった。「日清戦争が始まり、連戦連勝で国民は有頂天」であったところ、「恐い叔父さんがこう三人も揃って忠告してくれたのだから、我国でもこれは嫌やと言うわけにいかぬ」（生方敏郎『明治大正見聞史』一九二六年）と冷や水を浴びせられた。

「これによって初めて日本国民は、外交というものの本当の味を覚えたのだ。戦争とは、敵国だけを相手にするのではなく、常に周囲の第三国を計算の中に入れておかねばならぬ。戦争に勝っても、外交に負けるということがある。世の中は思ったよりも複雑な、面倒なものだ。ということを我々は教えられた」（同）

これに対して「臥薪嘗胆《がしんしょうたん》」のスローガンのもと、朝野あげて三国干渉を主導したロシアへの復仇ムードが高まり、日本は軍備拡張路線を突き進んでいく。

明治天皇（共同通信社）

軍事費調達のための地租税増税案が成立したのが一八九八（明治三十一）年であり、「国民の合意を得る方法として、日清戦争での戦勝の共通体験を呼びおこすこと、戦争で負傷・戦没した国民に対する国家の償いを明らかにすることが重視された」（「軍人の肖像写真と振天府政策」）という時期だった。

御府＝振天府は「戦勝と兵士の忠誠心を天皇と結びつけるために、戦利品・肖像写真・人名帳を皇室で保管・閲覧する施設」（同）であり、プロパガンダの素材として注目されたのだろう。政策的な「上からの教宣」であり、それが記事の頻出のわりには招魂社ほど人口《じんこう》に膾炙《かいしゃ》しなかった理由かもしれない。

日本の近代化以降、この日清戦争ほど国民と国家の関係を変えた出来事はなかったのではないだろうか。生方敏郎《うぶかたとしろう》は「日清戦争になるまでの私の周囲は、ことごとく反明治新政府の空気に満たされていた」と書いている。西南戦争の際も庶民は圧倒的に西郷びいきであり、「老人連は御一新をただ薩長武士の企てた革命とのみ考えていた」（『明治大正見聞史』）という。

それが日清戦の勝利で一変した。「国民の悦びは全く有頂天という言葉に相当していた」といい、反政府的な空気は霧のように消えていった。明治国家としては、「国民」を初めて統一できた時期であり、国家への忠誠と負担を要求する絶好の機会であった。

ここで日清戦争の経過を簡単に振り返っておこう。日清戦勃発の要因は一八九〇（明治二十三）年当時に首相を務めた山県有朋が唱えた「利益線」という概念だった。国益上守らなければならない範囲を国土より外に設定することで、日本にとっての利益線は北は朝鮮半島、南は台湾対岸の福建省だった。

海岸線が長大で国防上は脆弱だった日本列島を守るため、防衛線を外に張り出す発想だ。利益線の概念は軍拡を正当化すると同時に他国領土へ勢力圏を拡大することで戦争を誘発することにもなる。

一八九四（明治二十七）年二月、朝鮮半島で近代化政策の失敗で疲弊した地方の農民と民衆宗教「東学」による武装蜂起が始まる。朝鮮政府は反乱鎮圧のため清に派兵を要請、清は約千人の軍を派遣した。利益線への清の進出に敏感に反応した日本政府はこれに対抗して約八千人の兵力を朝鮮半島に送った。

清は日本との戦争を避けたい意向で、両国は撤兵をめぐって交渉を続けた。日本政府は七月、交渉を打ち切り、清と断交することを決定する。戦争は同月下旬の豊島沖《ほうとうおき》海戦で始まった（両国の宣戦布告は八月一日）。海戦と同じころ、日本陸軍は朝鮮国王が住む景福宮《キョンボククン》を攻撃した。

日本の世論は「日清の戦争は文野の戦争なり」（時事新報社説）というように、文明＝日本、野蛮＝清という構図でこの戦争をとらえた。国民は一致して政府と戦争を支持した。

緒戦の朝鮮・牙山《アサン》の戦いで清軍を敗走させた日本軍は、九月に平壌を攻略。十月には鴨緑江を渡り、清国内に進攻した。十一月には遼東半島突端の旅順を占領。この際、一般市民を巻き込んだ虐殺事件が起きている。海では九月の黄海《こうかい》海戦で日本海軍が清の北洋艦隊に完勝した。

翌一八九五（明治二十八）年三月から山口県下関で日本側全権の伊藤博文、陸奥宗光、清国全権の李鴻章《りこうしょう》との講和協議が行われ、四月十七日に講和条約が調印された。朝鮮の独立承認と遼東半島・台湾の割譲、二億両の賠償金という清にとって苛酷な内容だった。

しかし、戦争はここで終わらなかった。台湾では先住民による激しい抵抗があり、日本は約七万六千人（軍夫を含む）を送り込んだ。完全に平定されたのは同年十一月だった。日本軍は約五千三百人の死傷者を出した。台湾側も死者は約一万四千人に上ったが、非戦闘員が無差別に虐殺されたケースが多かったという。

†大量の戦利品の陳列場

清を完全に打ちのめした戦争であったから、日本軍が得た戦利品も大量だった。平壌、旅順、威海衛《いかいえい》などの各地で捕獲された清軍の兵器、弾薬などが日本国内に搬送される。国内での戦利品のおもな集積地は東京、名古屋、大阪、広島、下関、呉など八カ所の軍施設だった。

一八九五（明治二十八）年八月には「陸軍戦利品整理規程」が定められた。火砲など兵器類のほとんどは兵備品として陸軍が収容した。そのほか一部の兵器や実用に耐えない旧式の小銃、刀剣、弓、槍や清軍将兵の被服、旗、幟などは靖国神社の軍事博物館「遊就《ゆうしゅう》館《かん》」や全国の学校、神社仏閣に分配、展示された。

これらは一般に「分捕品《ぶんどりひん》」と呼ばれた。各地での展示は戦勝の喜びを国民とわかち合うとともに、中国の「後進性」「落伍性」を印象づけ、侮蔑感と優越感を植え付けることを意図したものだった（鈴木智夫・水野明「正眼寺《しょうげんじ》所蔵清軍『戦衣』の研究」）。

『明治大正見聞史』によると、戦争が始まったころは「内心では誰しも支那を恐れていた」という。「ところが皇軍の向うところ敵なく、実に破竹の勢となったから、俗謡も絵も新聞雑誌も芝居も、支那人愚弄嘲笑の趣向で、人々を笑わせる」ようになっていった。俗謡に踊りの振りまで付けて流行したのが、

日清談判破壊せば、品川乗り出すあづま艦、つづいて八重山浪速《なにわ》かん、（中略）西郷死するも彼がため、大久保殺すも彼奴がため、怨み重なるチャンチャン糞坊主

という俗謡だった。「あずま艦」「八重山、浪速」は日本海軍の軍艦名で、西郷や大久保の死も中国人のせいだとする無茶苦茶な歌である。「戦争の初めに持った不安の念が人々

から脱れると共に、勝に乗じてますます勇む心と敵を軽蔑する心とが、誰の胸にも湧いて来た」（同）のだという。

全国各地で陳列された戦利品は日本人の優越感をさらに刺激し、中国への侮蔑感を植え付ける効果があった。

そして戦利品は皇室にも献納された。この戦利品について『明治天皇紀』の九五年十月二十九日の条に最初の記述が見られる。この日、天皇は皇族、地方長官、側近らと昼食をともにし、そのあと「地方長官に二重櫓に陳列したる戦利品の拝観を許さる」とある。

二重櫓《にじゆうやぐら》は東京駅から皇居へ向けて行幸通《ぎようこうどお》りをまっすぐ進むと右手の濠の向こうに見える。巽《たつみ》櫓、桜田櫓とも呼ばれている。当初、献納戦利品はここに収納されていたようだ。ただ、この陳列場を明治天皇が訪れたという記録はない。

ここは仮置き場だったのか、それとも手狭で新たな陳列場が必要になったのか。『明治天皇紀』によると、九五年九月に天皇から「日清戦役戦利品陳列場を建設すべき旨御沙汰」があり、「同年十月吹上御苑の一隅、旧三角矢来の地を選びて工を起し」た。

三角《みすみ》矢来は皇居・吹上御苑の南端、石垣の縁の土地である。当時の皇居には空いた土地がふんだんにあったはずだが、これほど「隅っこ」に建設したのは、当初はあくまで倉庫という扱いだったからだろうか。すぐそばには馬小屋もあり、けっして良い環境ではない。

『明治天皇紀』には翌一八九六（明治二十九）年十月に「陳列場及び御休息所の建築成る」と記されている。翌九七年三月に第二次の増築工事が行われ、これをもって完成したという資料もある（藤樫準二『皇室大観』一九三七年）。

明治天皇は九六年十一月五日、初めて戦利品陳列場「御府」を訪れた。

「陳列場は桁行十三間、梁行三間の木造日本式建築にして、其の西に接して御休息所あり、後、名を振天府と命じたまふ」（『明治天皇紀』）

振天府の構造

「振天」は武名が「天下に振るう」ことを意味していた。

振天府とこのあとに造られる懐遠府、建安府の三つの御府の成り立ちなどを詳述した宮内省臨時帝室編修局の『禁廷三宝庫誌』（一九二五年）という資料がある。同書によると、振天府は桁行（梁に平行な方向）八十一尺九寸、梁間（梁の柱と柱の長さ）二十尺五寸。およそタテ三十一メートル、ヨコ七・八メートルだった。建坪は四十八坪。瓦葺き日本家屋で、材質はヒノキを使っていた。

正面には「振天府」と書かれた小松宮彰仁《あきひと》親王筆の額（縦約一・六メートル、横約一メートル）が掲げられた。この額は京都御所の紫宸殿《ししんでん》の額を擬したものだった。額の裏には「振天府記」として、その由来が刻まれていた。そこにある「天皇の聖旨」の一部を抜粋する（原文は漢文）。

「此物〔戦利品〕は貴ぶに足らず。然《しか》れども皆朕が将士の血を蹀《ふ》み屍《しかばね》に枕し万艱《ばんかん》報効の致す所なればこれを後世に伝えざる可《べ》からず」

「凱旋する者は賞を受くる差あり、而《しか》して死する者は与《あずか》らず。朕はなはだこれを戚《いた》む。宜《よろ》しく親王以下諸将校の肖像を徴し、士卒の姓名を録し、併《あわ》せてこれを諸府に蔵《おさ》め、朕が子孫及び、朕が子孫の臣民たる者をして斯《この》府を観《み》て以《もっ》て征清将士の尽忠《じんちゅう》〔忠義をつくすこと〕を知らしむべし」

振天府記は宮内省文事秘書官の股野琢《またのたく》が著したものだった。股野は昭和天皇の裕仁《ひろひと》の名と迪宮《みちのみや》の称号を考案したことで知られている。のちに帝国博物館館長を務めた。この振天府記は振天府建造と同時に作られたものではなく、五年たった一九〇一（明治三十四）年十月に作成されている。

『禁廷三宝庫誌』は、明治天皇が侍従武官長の岡澤精《おかざわくわし》、前侍従の日野西資博《ひのにしすけひろ》らに戦利品陳列場の移転係を命じ、「戦利品の排列等図面を以て細密の御計画あり、棚の位置に至るまで一々御指揮によれるものにて此処に彼の銃を置き彼処に此の額を掲げよと一々肯綮《こうけい》に当り〔勘所をつくこと〕係員らの恐懼せし処なる」と記している。

　このように明治天皇自ら御府内の戦利品配列を指示したという言説が定着していく。昭和期の『皇紀二千六百年記念　宮中御写真帖』（一九四〇年）には次のような説明書きがある。

「明治天皇がこの振天府を御建設遊さるゝに就《つい》ては総《すべ》て設計より、名称、意匠、図案の類に至る迄《まで》御親《みずか》ら御工夫と御指示とによらせ給ひしもので、大帝の御面影を偲び参らすべき思ひ出深きものと承はる」

　戦利品の配列だけではなく設計や意匠など何から何まで天皇が行ったことに話が拡大している。明治天皇が建築設計の技能の持ち主だったとは、他の文献ではまったく言及されていない。後述するが、このあとの天皇の御府に対する態度を考えるとかなり疑わしい話だ。創られた「聖徳伝説」であろう。

『禁廷三宝庫誌』は明治天皇の振天府初天覧に続いて昭憲皇太后《しょうけんこうたいごう》も見学したと記しているが、どういうわけか『明治天皇紀』『昭憲皇太后実録』ともにその記述がない。ただ、昭憲皇太后には「振天府」と題する御歌が三首ある。


　いのちにもかへし品品あつめます大御ごころのうちをこそ思へ

写真２　振天府内部。歩兵銃や魚雷、砲弾、龍が浮き彫りになった額が見える（宮内庁宮内公文書館蔵）

見るごとになみだぐまれぬ海陸《うみくが》に命をすててえたるしなじな

つらなれる火砲《ほづつ》のうちに君をおもふ心のたまはなほこもるらし

『禁廷三宝庫誌』には振天府に陳列されている戦利品六十二種の一覧が掲載されている。おもなものを挙げると、羽毛清国勲章、連発銃・拳銃類、青龍刀類、満州兵の古槍、火縄銃、喇叭、支那刀、清国国旗、水雷、額石額類、信管類、定遠水雷防網、榴弾類、錨、支那馬車、城門扉、銅鑼・太鼓、支那古鎧、清国陣形図などだ。

一覧のあとには「本館にては定遠の艦尾

飾「定遠」と金書せる大木片及び同艦に附しありし龍の飾の彫刻物あり」との文が続く。定遠《ていえん》は清の北洋艦隊の旗艦である。黄海海戦で損傷、その後、威海衛《いかいえい》で水雷攻撃を受けて自沈した。日清開戦八年前の一八八六年、北洋艦隊が日本の各港に寄港し威容を見せつけたことがあった。日本海軍は定遠級の大型戦艦を持たず、その存在は脅威だった。それを「討ち取った」ことに日本国民は熱狂した。御府には定遠の「断片」が得意げに展示されていたのだ。

写真３　振天府内部。たくさんの歩兵銃、槍、薙刀が見える（宮内庁宮内公文書館蔵）

宮内庁の宮内公文書館には振天府ほかの御府の写真が数多く所蔵されている。振天府内部の写真は二枚あり、それを見ると歩兵銃や魚雷、砲弾とともに龍が浮き彫りにな

写真４　振天府の参考室（宮内庁宮内公文書館蔵）

った大きな額が見える（写真2）。おそらくこれが定遠にあったものだろう。

もう一枚の写真にはたくさんの歩兵銃、槍、薙刀が見える（写真3）。天井近くの梁には八つの中国の扁額が掲げられていて、それぞれの文字は「恩咸拝済」「宏展六韜」「惠露仁風」「樂只君子」「恩周寰海」「澤潤生民」「恩及海隅」だったという（宮本芳之助編『青年の事業』一九二四年）。

振天府「本館」の北西側には「参考室」という別棟の建物が建てられた（写真4）。附属館とも呼ばれており、縦十二・五メートル、横七・八メートル、建坪約十九坪。瓦葺きの日本家屋で、ここには有栖川宮熾仁《たるひと》（参謀総長、日清戦中に病没）、北白川宮能久《よしひさ》（台湾出征中に没）両親王の写真額、戦病死将校の写真額、戦病死全将兵の名簿巻物、返納された軍旗、陸軍将兵の防寒被服類、血痕の残る海図などが陳列されていた。

†戦病死者の写真と名簿を取り寄せる

写真５　参考室の内部（宮内庁宮内公文書館蔵）

『禁廷三宝庫誌』によると、明治天皇は岡澤侍従武官長に「今回の戦役には多数の戦病死者を出せり。彼らは実に国家の為《た》めに能《よ》く務めたるものなり。彼らの写真を取寄せよ」と命じたという。

岡澤は手を尽くして将校と同相当官の写真を集めたが、下士卒には写真のない者も多く、すべてを集めるのは不可能と奏上した。当時、農村出身の兵卒には写真がない者が多かった。また、写真のある将校のなかでも浴衣姿のようなものしか残っていない場合もあった。

天皇は「それでもかまわない」といい、写真も時の経過で変色するものもあり、また大きさも大小不同であるため、参謀本部写真班に命じて不変色の同一形に複写させたという。そして自ら額中に挿入した。この額は天皇の発案で明治三十年式連発銃の廃銃の銃床を使ったものだった。

「陛下はここへ御進みになるごとに、必ず御敬礼をなさるのである」（『少年世界』一九〇〇年）と伝えられた。

参考室内部の写真（写真5）を見ると、梁に長方形の額が飾られており、軍旗とみられる図柄が描かれている。戦場の絵図とみられる額もある。棚にはガラスケース入りの鹿の角、ガラス瓶や壺など数々の物品がある。

壁には戦没者とみられる肖像写真の額が見える。一つの額に上下二段で写真が並んでおり、計十六枚の写真が収められている。なかには一つの額に写真二枚というものもある。佐官級以上の戦没者だろうか。

『禁廷三宝庫誌』は「この写真中にて楠公〔楠木正成〕父子の如《ごと》く二代続きて戦死したるもの三名あり」という挿話を記載している。戦死した三人の陸海軍将校のそれぞれの父親が幕末の戊辰戦争で没しているという。

明治国家成立前の戦死と合わせて「二代続き」というのは強引だが、その話を聞いた天皇は「誠に能《よ》く務めり武門の亀鑑《きかん》〔模範〕なり」といったあと、しばし黙す。そして岡澤侍従武官長に「国の為め能く務めたが不憫なることをした。しかし私情としては親兄弟が嘸《さぞ》や歎いて居ることとならん」といった。

岡澤は「有り難き御諚《ごじょう》を拝したり実に死して余栄ありと申す可《べ》し」と感想を述べる。この話は昭憲皇太后にも伝えられる。

「皇后陛下も、此《この》館に臨御ましまし、戦利品紀念品を御覧あらせられ、至尊の臣民を愛惜し給ふ御情、かくも深きよと御感涙を止めあえ給はず」（平田久『新聞記者之十年間』一九〇二年）という様子だったという。

日清戦争に動員された兵力は約二十四万六百人（うち戦場に送られたのは約十七万四千人）。それ以外に軍夫十五万四千人が集められた。軍夫も武装していたから、全動員兵力は約三十九万五千人とみていい（原田敬一『日清・日露戦争』二〇〇七年）。

『禁廷三宝庫誌』は振天府に収蔵された名簿の戦死者千六百七十余人、病死者一万五百三十余人、計一万二千二百十余人としている。ところが日清戦争で靖国神社に合祀された祭神数は一万三千六百十九人であり、千人余りずれがある。

一九〇七（明治四十）年の振天府拝観記を掲載している『青年の事業』では名簿の戦死

者千六百七十八人、病死者一万六百二十五人、計一万二千三百三人だ。一九二二年刊行の『皇室写真帖』での振天府の説明書きでは名簿の戦病死者数は一万二千三百十四人とされている。

この数字の混乱はこの時期に戦死者と戦病死者が区別されていたことによるものとみられる。靖国神社では当初、戦闘による死者のみを合祀し、病死者は除外されていた。同時期の各種資料は「戦死」と「戦病死」を明確に区分している。

しかし、戦場の不潔な環境でチフス、赤痢、マラリアなどの風土病で死亡する兵士が続出。戦没者の九割近くが病死である事態にやむなく特旨で戦病死者も靖国神社に合祀されることになった。皇族の北白川宮能久《よしひさ》親王が台湾でマラリアによって病没していることも影響したとみられる。

このように日清戦争は近代国家日本が初めて経験した大量動員、大量戦死傷の戦争だった。近代の戦争の大量死に国民は恐れおののいた。徴兵制への疑義を生じさせないため、国家は死の美化と顕彰を必要とした。戦場での死の価値を高めるために「天皇御手づからによる死者の顕彰」という説話が求められていた。

御府に飾る遺影は将校以上に限られたが、戦没兵士にあまねく「皇恩」が及んでいることを示すための〝備品〟が戦没者名簿だった。

「人名の御巻物は戦病死者の霊を靖国神社に合祀せられ、其節《そのせつ》は行幸あらせられ臣下に対し厚く御待遇あらせられたる上にも彼等の姓名を永く茲《ここ》に留め忠魂の万分一を慰めてやるとの有り難き聖慮より出でたるものなり」

参考室には日本軍の軍旗六旒《りゅう》が置かれていたが、それらは台湾討伐隊から返納されたものだった。この軍旗に対する日本軍独特の観念が『禁廷三宝庫誌』に詳述されている。

「抑《そもそ》も軍旗は欧州各国にては神が主権者に授くるものなりと信仰よりして何れの帝国王国、共和国を問はず其《その》主権者は軍旗に対し敬礼し軍旗は此れに対し答礼をなす。然《しか》るに我国は陛下が軍旗を聯隊に授与し賜ひ同時に「此の軍旗を以《もっ》て国家を保護せよ」との勅語を賜ふ。之を拝受したる聯隊長は「誓て国家を保護す」と奉答す。此れ我国の他外国と全《まった》く国体を異にする所以《ゆえん》なり」

諸外国は主権者と軍旗は分離されているが、日本軍では天皇と一体のものと観念されていた。これが昭和の戦時になると兵士の命よりも軍旗が重んじられることになり、場合によっては観念上、天皇そのものより上位に置かれるというおかしな事態を招いた。

一九三五（昭和十）年二月、来日予定の満州皇帝溥儀《ふぎ》の観兵式に際して陸軍は「軍隊の天皇に対する信仰上、天皇御同列の際に天皇を差し置き他国皇帝に敬礼することは忍びない」として、軍旗が満州皇帝に敬礼しない方針を示した（『昭和天皇実録』）。

これは国際慣例を無視するもので、昭和天皇は「自分が敬意を払う皇帝に敬礼しないということは、軍旗は自分よりも尊いのか」と抗議した。明治の陸軍草創期からの軍旗観を純化していくと、このような事態もありえたのだ。

その軍旗も「陛下の聖裁にていかように御処分相成るとも何ら差し支えなきもの」であった。ただ、日清戦争に際して「明治天皇に於《お》かせられては、此《この》軍旗の下に幾多の将士の戦死傷者を出したり、其《その》者等の功労を御追憶あそばされ、茲《ここ》に格納すべしとの有り難き御沙汰」(『禁廷三宝庫誌』)があり、参考室に納められたという。

参考室以外にもまだ関連施設がある。振天府の本館に連結して「御休所《おやすみどころ》」があった。序章の「図1　御府のエリア図」で本館西側に渡り廊下でつながっている建物だ。写真6を見ると、ガラス戸と障子で仕切られた日本間だ。天皇、皇后が振天府を訪れた際の休憩所だが、ここにも天皇と将兵を結びつける物語が用意されている。

日清戦の間、広島に大本営が設置された。天皇は開戦間もない一八九四(明治二十七)年九月十五日に広島に入り、長期間狭い一室を御座所《ござしょ》として起居していた。それを追想するため、振天府御休所の床の間には広島大本営の図が掛けられていた。柱には大本営で天皇が使用していたという八角時計がある。

写真7をよく見ると、天井から何かがつり下げられている。天皇の大本営御座所にあっ

写真６　振天府御休所（宮内庁宮内公文書館蔵）

写真７　振天府御休所の天井につり下げられた「四兵の花瓶」本書 48 頁の写真 14 参照（宮内庁宮内公文書館蔵）

た釣り花生けで「四兵の花瓶《はないけ》」といわれているものだった（四十八頁の写真14参照）。「陛下が大本営にて用ひさせ給ひし花瓶は、騎兵のあぶみの上に、砲弾の信管をのせて水筒とし、小銃の槊杖《さくじょう》〔銃腔内を掃除する細い棒〕と、野戦電信用の銅線とにて、釣り下げらるゝ工夫にて、こは畏くも、陛下の御意匠に成り、歩、騎、砲、工の意を寓せられたる、「四兵の花瓶」とぞ承る」（『海軍読本』一九〇五年）

より詳しい説明が『青年の事業』の「振天府拝観記」に記されている。

「陛下には或る日我一軍が九連城〔日本軍が初めて清国領内で得た占領地〕にて分捕したる支那古鐙《あぶみ》を見て殊《こと》の外に賞翫《しょうがん》〔珍重〕したまひ御手づから御机の上に釘を打ち遊ばして電線を縄に代へ長さ三尺五寸許《ばか》りの銃洗矢（槊杖）を柱として径五分高一寸二分許《ばか》りなるクルップ着発信管々体を鐙の中央に置きて生花を為し、之に歩騎砲工の四種に属する物品を添え、朝夕御覧遊ばされたる」

戦後、天皇は岡澤侍従武官長に「此《この》四品は忠勇の将士万死を冒して獲たる戦利品を集めて久しく朕の無聊を慰めたるものなれば、之を記念として永く後世に伝へ、朕の子孫並に朕の子孫の臣民をして当時の戦役に参加したる将士の労苦を知らしめよ」といいつけ、休所に保存されたという。ここにも「天皇御手づから」説話が見られる。

写真８　有光亭（宮内庁宮内公文書館蔵）

†振天府に展示されたもの

振天府にはもう一つ付属する建物があった。「有光亭《ゆうこうてい》」という四阿《あずまや》だ（写真8）。振天府御休所の西側、石垣の縁あたりに造られた。その後、一九〇七（明治四十）年ごろの大雨で石垣が崩落する恐れがあるため、参考室の西北側に移築された。

この有光亭は構造物のほぼすべてが戦利品であった。その名称、意匠も天皇によるものとされている。

「威海衛〔日清戦争での日本軍が陸海共同で戦った戦場〕攻撃の際、非常に我海軍を苦しめたる妨材を柱とし、砲台に在りし石造の額面を以《もっ》て囲ひとし、其《その》内部には、矢《や》張《はり》妨材を其《その》儘《まま》使用して腰掛に出来て居る。唯《たゞ》頭の上に当

る屋根のみ、日本の材木を以て蓋《おお》はれて居る」(『家庭軍事談』一九〇一年)

屋根の下には有栖川宮威仁《たけひと》親王（病没した参謀総長・熾仁親王の弟）書の「有光亭」の額が掛けられていた。この額の裏にも由来を記した「有光亭記」が書かれている。記述者は振天府記を書いた股野《またの》琢《たく》だ。振天府記と同時期に作成されている。

御府の成立に関して、股野は重要な人物だ。前掲の「軍人の肖像写真と振天府政策」によると、股野は振天府の建造前に歴代の皇室の宝物と明治天皇の御物を納める「明治宝庫」創建を提案、一八九二（明治二十五）年に明治天皇の裁可を得たという。股野は皇室の宝物は京都か奈良に、天皇の御物は皇居か赤坂離宮内に納めることを主張していた。

結局、この宝庫案は実現しなかったが、「股野の主張には、振天府の原型が見られる」という。「皇室を遺物の保管に最適な永久機関と位置づけ、文化遺産と皇室を結びつける」ことが股野の考えで、「振天府は、明治天皇の考案であると各雑誌・新聞で主張されてはいるが、戦利品・記念品展示施設としての振天府は、股野の今上天皇宝物を収める明治宝庫の意向を受けてのものだろう」（「軍人の肖像写真と振天府政策」）との見方がある。股野こそ御府の生みの親かもしれない。

「ただ、肖像写真を収集し人名帳とともに納めるという考えは、股野の主張にはない部分である。明治天皇は、肖像写真の収集に熱心であったと言う記事も出ている。肖像写真の

写真９　振天府の「砲舎」では、野砲、速射砲などを展示した（宮内庁宮内公文書館蔵）

収集に、明治天皇の個性が見いだされるのかも知れない」（同）。

振天府の付属施設はまだある。日清の陸戦場牙山《アサン》の戦いで奪い取った野砲、速射砲などを展示した「砲舎」（大砲陳列所ともいわれる、写真9）である。約十門があった。

なかには日本軍が捕獲した際、使用した痕跡が見られない砲もあった。『禁廷三宝庫誌』には「清兵が其《その》使用法を知らざるに非《あら》ず。此《こ》れ又全く精神教育即国家的観念の欠乏に由来するものなり」と、兵士に武器の使い方も教えられない清国の後進性を強調した記事がある。

この砲舎がどこにあったのかはっきりしないが、古い図面にはそれらしき建造物が見られる。

写真10　遼東半島の金州城の鎧門（宮内庁宮内公文書館蔵）

建物内に納められなかった戦利品は屋外に置かれた。そのなかに清の北洋艦隊の提督・丁汝昌《ていじょしょう》の庭石といわれるものがあった。丁は威海衛で日本軍に降伏後に自決した悲劇の提督である。その自宅の広大な庭にあった石によって、彼がいかに豪奢な生活を送っていたか、腐敗した軍指導者であったかを示す狙いがあった。

このほか遼東半島の金州城の鎧門（写真10）、石獅子（写真11）、威海衛の海軍公署にあった長さ約二十二メートルの旗竿（写真12）、支那車置き場（写真13）などが並んでいた。まさに分捕り品（当時は戦利品よりもこのいい方が一般だった）の展示場である。振天府および付属施設はあきらかに「見せる工夫」がなされている。しかし、だれに見せるため

写真 11　有光亭横に置かれた石獅子。右の建物は参考室（宮内庁宮内公文書館蔵）

写真 12　長さ約二十二メートルの旗竿（宮内庁宮内公文書館蔵）

写真13　支那車置き場（宮内庁宮内公文書館蔵）

の陳列整備だったのか。天皇、皇后に見せるのが第一の目的であっただろうが、公式記録の『明治天皇紀』では、天皇が振天府を訪れたのは初天覧の一八九六（明治二十九）年十一月五日のたった一度だけである。

想定されたのは皇族や大臣、高級軍人などの貴官顕官、いわゆる有資格者であった。まだ振天府が建設中だった九六年一月二十日、御前会議の列席一同に一部拝観を差し許す沙汰があった。同年五月二十九日には天皇に陪食した板垣退助内務大臣と在京地方長官が拝観を許可されている。

新聞で振天府の存在が喧伝されはじめた一八九九（明治三十二）年五月十一日、天皇は大審院長、検事総長、各控訴院長や有栖川宮威仁《たけひと》、東伏見宮依仁《よりひと》両親王、内大臣、宮内大臣、司法大臣らに振天府拝観を許している。翌日には全国の地方裁判所長、検事正らが拝観した。

同年六月三日には十九歳の皇太子嘉仁《よしひと》親王（大正天皇）が初めて振天府を見学した。『大正天皇実録』には七月二十七日にも見学したと記録されている。振天府記に「朕が子孫をして斯《この》府を観て以《もっ》て征清将士の尽忠を知らしむべし」とあるように、御府は帝王教育の施設ともなる。嘉仁親王はもっとも数多く御府を見学した天皇となる。

皇太子が振天府を初めて見学したころまでに拝観を許されたのは、各皇族や大臣、枢密顧問官、各師団長、府県知事、宮内省高等官など高位高官のみだったが、その二週間余りあとの六月二十日から、在京陸軍少尉以上に日曜を除く毎日、五十人に限って拝観が許されることになった。拝観を許可された将校は約千四百人だったという（前掲「軍人の肖像写真と振天府政策」）。

†イメージ戦略としての御府

振天府の公開は国家が軍備拡大へ向けた大キャンペーンの一端であったが、「この頃から、振天府の公開は天皇の個人的意向によるというよりも、官僚・軍人・一般民衆を意識した皇室のイメージ戦略の手段となりつつあった」という。振天府の拝観を伝える新聞には「勝利に導いた大元帥としての天皇の姿に加え、慈悲深く戦没者の肖像写真と人名帳を見つめる姿が記述された」(同)。

これ以降、振天府の見学を許された人たちの「拝観記」が世に出ることになる。そのなかで拝観の時期がもっとも早いのが国文学者の関根正直《まさなお》による一八九八(明治三十一)年十月十八日の拝観記だ(一九〇九年の『明治文章読本』に収載)。

この日午後二時、関根とともに拝観を許された人々が宮内省内の会議所に集められ、その前で宮内大臣の田中光顕《みつあき》が振天府の建設、記念品陳列にあたって天皇自ら指揮したことを説明。御府は「東京の正倉院」であるといい、戦病死者の写真と名簿を保存し、天皇がしばしばそれを見て亡くなった人たちを偲んでいるありがたさを強調した。

そして拝観者たちは吹上御門内に導かれ、振天府の前に立つ。関根はその外観について「総体、白木造にて、いとかうがうしく、物清げなり」と描写する。「階を登りて、その内に入れば、岡澤侍従武官長、細かに案内説明せられぬ」

御府の管理は侍従武官府が行っており、拝観者に対する説明は侍従武官長か侍従武官の役目だった。振天府にまつわる説話はほとんど岡澤侍従武官長の講話によって各方面に伝播している。

振天府内部は「各種の榴弾を初め、朝鮮、清国、台湾の武器、兵具、所せく、数も知られねば、一々記憶もならず」であった。関根らは約一時間見学したあと外に出て、有光亭を見る。

「そのさま、世の常ならず。巨材を柱とし、太き鎖をかけて勾欄《こうらん》〔手すり〕に代へ、石崖の断片にやと覚しき、大なるを据ゑも、重ねもして、構へられたる、まづ珍らしく、故ありげなり」

関根らは有光亭の周辺の道に陳列されている野砲、山砲、碇などの戦利品を見ながら参考室へと進んでいく。

なかに入ると、日清戦争で参謀総長を務め戦時中に病没した有栖川宮熾仁《たるひと》、同戦争での台湾出征で没した北白川宮能久《よしひさ》両親王の大きな写真額のほか、戦没将校の写真の額が並べられていた。額縁は廃銃の木材。関根は「将校たちが、生前の姿、病苦の体、とりどりあざやかに見えたるぞいたましき」と感想を記している。

両親王の写真額の下に五段の棚があり、第一の棚には両親王の名を記した巻物一軸、第二の棚以下に戦没兵士の名簿の巻物が置かれていた。関根は「一巻を繰広げ見れば、歩卒の名ども、一々に記させ給へり。かゝる末々まで、漏らし給はぬを、思ひ奉るにも、涙ぞ落つる」と感動している。

現在も全国にある各種戦争関連の施設の多くは戦没者の写真と名簿を展示している。こ

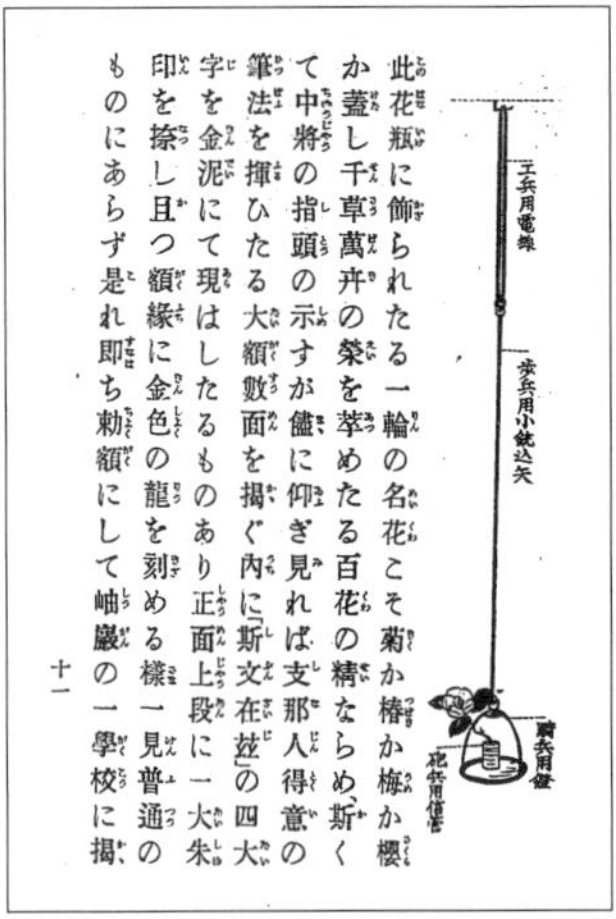
此花瓶に飾られたる一輪の名花こそ菊か椿か梅か櫻か蓋し千草萬卉の榮を萃めたる百花の精ならめ斯くて中將の指頭の示すが儘に仰ぎ見れば支那人得意の筆法を揮ひたる大額數面を掲ぐ内に「斯文在茲」の四大字を金泥にて現はしたるものあり正面上段に一大朱印を捺し且つ額縁に金色の龍を刻める樣一見普通のものにあらず是れ即ち勅額にして岫巖の一學校に掲

十一

写真14　宮川鉄次郎『振天府拝観記』に紹介された「四兵の花瓶」の模写（国立国会図書館蔵）

れらは見学者の感情を強く揺さぶる。振天府を見学した人々も同様であったのだろう。

戦利品、遺品に付加される「物語」

もう一つ拝観記を紹介する。東京市の市会議員だった宮川鉄次郎が著した『振天府拝観記』で、一九〇二（明治三十五）年三月二十七日の拝観の模様を詳しく記述している。同書はその一カ月余りあとの五月に出版されており、世に出た拝観記ではもっとも早い。まず宮川らが宮城内に入り、振天府にいたるまでの描写を見てみよう。

「余等拝観の一行は午時車を連ねて坂下御門より宮内省に出頭し、案内の吏員に導びかれ右に宮殿の廊壁を拝し常盤の松の茂れる土堤《どて》に沿ひて珠《たま》か礫《こいし》か清らかに敷き詰めたる砂を踏んで二重橋御門を出づれば、左に中雀《ちゅうじゃく》門右に山里の御門あり、左に折れて又も一《いっ》の御門を潜り爪先上りに吹上御苑の方へと進めば御苑の入口に面して堤上に簡素たる一字の建物あり」

宮川は振天府内で見た様々な戦利品について記述していく。案内、説明役は岡澤侍従武官長である。休所で「四兵の花瓶《はないけ》」を見て、「陛下の兵士を愛し倹素を事とし且《か》つ風流に富ませ給ふ聖意の程《ほど》を感泣せり」として、その形状を模写した図を同書に掲載している（写真14）。

岡澤侍従武官長は陳列されている戦利品を前に「清兵《しんぺい》の武器不斉一の事実を説き、日清戦役に際し清兵の敗北せる一原因は小銃の種類区々にして銃丸の補充に困難なりしに存す」と解説したという。中国の後進性＝非文明性の強調である。

拝観の順路は決まっていたようで、宮川らは先に紹介した関根正直の拝観記と同じく、振天府本館、有光亭を経て参考室へといたる。岡澤の説明も定型があったらしく、「陛下御自身の御工夫と御指図」が説かれている。

参考室に入る前、拝観者は岡澤から「帽子を取って」と指示される。岡澤は「陛下の御威徳は千万無量であります。詳しく申上げましたなら十日や二十日で御話しをし尽す事は出来ません」とオーバーな調子でいったあと、展示されている名簿、写真、軍旗について説明した。

宮川の拝観記で戦病死将兵の名簿がどのように収納されていたかわかる。有栖川宮、北白川宮の大きな写真額の下に「壁に接して三段の棚あり。上段中央に一巻、中段及下段に十数の巻物を袱紗《ふくさ》の上に安置す。皆錦襴《きんらん》の表装軸は光りまばゆき水晶を以《もっ》てす」とある。明治期に振天府を紹介した新聞には戦死者の名簿の巻物は十巻、病死者は二十巻と書いているものもある。

岡澤は「此《こ》の巻物に陣没者の姓名を録し給ふに当り、其字体、行間の明け様から、表装、見かへしの工合まで皆、陛下直々の仰せによりて其通りに出来《しゅったい》したものであります」と「手づから」説話を述べる。

参考室には台湾討伐隊（守備歩兵聯隊）から返納された軍旗六旒《りゅう》が陳列されていたことは説明したが、宮川の拝観記にはこのほか「近衛及各師団（軍備拡張前の）に存する聯隊旗の写真二十八枚を額面として掲ぐ」と書かれている。宮内公文書館所蔵の写真に写っていた額縁の旗らしき画像はやはり軍旗だった。岡澤はこの場で欧米と日本の違いを説き起こす「軍旗説話」を行っている。

陳列品のなかに銃身が弾丸のためにくの字に曲がった小銃があった。林千代之助という兵士の銃だった。

「敵弾其《その》小銃に命中して斯《かく》の如くに屈曲するや彼は如何《いか》に思ひてか奮然起ち上りて此《この》銃を地上に叩きつけ赤手《せきしゅ》敵に向つて突進す。共に奮進《ふんしん》せる一卒途《そつみち》に傷つく彼れ直ちに負傷者の小銃を取り猶《な》ほも前進してよく敵塁に先登《せんとう》せり。爾来歴戦の功を積み勇名全隊に轟《とど》ろき天晴れ帝国軍人の精華と称へられしが、不幸にも凱旋の後幾《いく》ばくもなく其《その》営に病死せり」

明治天皇は林の戦話にことのほか感銘を受け、「親しく此所《ここ》に玉歩を運ばせ給ふ毎《ごと》に、凝《じっ》乎と、御《ご》佇立《ちょりつ》のまゝ、畏れ多くも玉眼に御涙《おんなみだ》をさへ、さしぐませ給ふを常とし給ひしやに洩れ承はつて居る」（田中萬逸『雲上秘録』一九一六年）という。

日清戦争の戦場美談としては、「死んでもラッパを離さなかった」木《き》口《ぐち》小《こ》平《へい》が有名だが、ほかにも数々の美談が語られ、その記念品のいくつかが振天府に献納されていた。のちの軍神の原型である。将兵の艱難辛苦を物語る物品としては、酷寒の鴨緑江の水につかりながら日本軍の工兵が架した橋梁の橋杭などもあった。

宮川の拝観記によると、参考室には定遠と並ぶ清の巨艦「鎮遠《ちんえん》」の模型がガラス張りの箱に陳列されていたらしい。とにかくありとあらゆる戦争記念品が集められており、なかにはそれが何かわからないようなものまであった。

有光亭のそばに軍艦の一部とみられる水をたたえた「方《ほう》六尺に近き」大きな鉄の箱があった。これについて「海軍々人と雖《いえど》も知る能《あた》はず、或《あるい》は敷設水雷の一種にあらずや」と宮川は書いている。

岡澤侍従武官長は「斯《か》く訳の分らぬ品でありますので、陛下の御考を以《も》ちましてかくは水溜に用ゐられたのであります」と素っ頓狂な説明をしたという。

本館、有光亭、参考室、休所などを見終わった一同は少時休憩し、ここで恩賜の煙草が振る舞われた。一服して砲舎の見学。「壁なき一宇に入《い》る。場内に大砲及《および》機関砲を陳列す」。さらに金州城の鎧門の前で岡澤が由来を語る。

「是《こ》れぞ第一師団名誉の紀年物として運び来りたる金州城門の双扉《そうひ》なり。ダイナマイトを以《もつ》て之《これ》を破壊したる小野口徳次は諸君の居らるゝ第一師団管区の壮兵なり。我兵は斯《か》く門扉《ぴ》に大穴隙《たいけつげき》を作りたる後《のち》、之を潜り入りて内より城門を開きたる也《なり》」

陳列されている戦利品、遺品それぞれに物語があった。岡澤は講釈師のようにそれを語る役割を担っていた。

一連の拝観が終わると、岡澤は一同に「是《これ》から御前《ごぜん》へ参りまして皆さんの拝観になりました模様は詳しく申上げます。猶《な》ほ皆さんに代つて私より陛下に御礼を申上げます」と口上する。「天皇の思し召し」によって拝観するだけではなく、拝観者の様子が天皇に打ち返し報告される。御府を通じて天皇と臣民が「交流する」言説はまさに皇室のイメージ戦略だろう。

天皇の「兵を思う心」をより詳しく紹介したものが別の拝観記に見られる。日清戦の広島大本営で激闘の模様の報告を受けた天皇の言葉として紹介されている。

「国家の為めとは云へ、国威を発揚する為めとは云へ、家をも棄て、身をも棄て、異郷の鬼となりて再たび還らざるこそ悲しけれど、兵士の運命を憐れみ、遺族の悲歎を汲み、畏こくも宸襟《しんきん》〔天皇の心中〕を労させ給ひ、戦況を御閲覧あらせらるゝ毎《ごと》に、可哀のものよ、気の毒のものよと仰せられ、近侍の人々は、愈《いよいよ》と高く愈と深き御武徳御仁徳に、勅答の言葉もなく、只だ感涙に咽《むせ》ぶのみなりき」（『新聞記者之十年間』）

同書は戦病死者の名簿について、「天皇の心配り」をより詳しく説明している。当初、戦没将兵の名前は木札に書いて掛けられていたという。天皇は「掛札にては陳列に不便なり、保存に安全ならず」と、巻物に再製作するように命じたとされる。

「其の巻物の表装、模様等に至るまで、陛下親《みずか》ら御指揮遊ばされ、陸軍の巻物の見返しには軍帽、佩劍《はいけん》〔刀剣〕、小銃等を、海軍の巻物には軍艦旗、錨、小劍、浮袋等を画かしめ給ひたり」

名簿の巻物は天地が約一メートル二十五センチもあったという。これが数十巻作られ、「戦死と病死とを区別し、戦死病没共に各団、部、隊に分類し、各一巻」とされていた。日清戦争時の「戦死」はあくまで戦闘中の死であり、同じく戦争に参加したにもかかわらず病死者は差別された。巻物も皇族の有栖川宮、北白川宮と将官の戦病死者は特別に一巻とされ、他の将兵と差別化されていた。

†教育的効果

一九〇七（明治四十）年四月十二日には東京で開かれた新聞記者大会出席者九十三人に振天府の拝観が許された。これだけの数の新聞記者を招くのは明らかに広報戦略だろう。富山県の高岡新報主筆だった井上江花が拝観前の様子を描写している。

「予《かね》て準備の新らしきシャツ、カラアを着けフロックコートにシルクハット、肉色手袋、黒革靴と云ふツイゾ為《な》したることなき礼装にて所定の個所に赴きたる」

緊張して宮城へ向かった一行は坂下門から入場。噴水の前を過ぎ、枢密院の建物内の休憩室で拝観時間まで待った。宮内省の役人が社名と名前を読み上げる点呼を始めると、記者らは緊張して「ハイ、ハイ」と答える。点呼が終わると内務書記官が拝観の心得を演説した。

「拝観中喫煙及び用便を為すべからざること、振天府以下御建物内に入れるときと岡澤侍従武官長が説明中とには脱帽すべきこと、喧噪すべからざること」

まるで子供にいい聞かせるような高圧的な注意だ。それでも記者たちは鞠躬如《きっきゅうじょ》として素直に従う。振天府前に着くと「カーキ色の軍服の左胸に大なる旭日章を帯びて」待っていた岡澤侍従武官長の名調子が始まる。

「自分は岡澤侍従武官長である。只今《ただいま》陛下より諸君に説明をして聞かせよとの勅命を蒙《こうむ》って来ました」

「天皇直接の思し召し」で拝観者は感激する。この明治四十年四月十二日は新聞記者を大挙招いただけあって、複数の雑誌や書籍に拝観記が掲載されることになった。

このように拝観記を通じて振天府の収蔵品、由来などは詳しく世間に伝えられた。ただし、庶民の心に深く浸透したかは疑わしい。

大正期以降、皇居の写真帖が刊行され、そのなかで振天府ほか御府の外観写真も掲載されている。しかし、その内部の写真までは公開されておらず、一般国民は収蔵品の映像を見ることはなかった。唯一、その一部を垣間見ることができたのは絵画によってだった。

東京・明治神宮外苑の有名なイチョウ並木の先に見える聖徳《せいとく》記念絵画館。明治神宮の創建に付随して構想された絵画館は一九二六（大正十五）年十月に竣工した。ここに明治天皇の生涯を描いた絵画八十枚を展示することになった。画題は年代、地域、種類にわけて検討された。

年代は天皇の生涯に沿って選ばれたが、明治維新を迎えた明治元年がもっとも多く十二題を占めた。地域別では東京が三十七題、京都が十五題。種類別では軍事が十八題、宮廷と外交が各十一題。ほかに政治、勧業、愛民、教育、徳行、慈善、敬神などがあった。

画家は一人一作品とすることになり、最初に決定した画家が明治神宮奉賛会の徳川家達《いえさと》会長が推薦した洋画家の川村清雄《きよお》だった。川村が描くことになった画題が「振天府」である。

依頼を受けた一九二六（大正十五）年、川村は七十四歳の老境にあった。しかし、振天府に足を運んで観察し、外観と陳列品の写真を取り寄せ、由来を調査するなど精力的に制作に取り組んだ。

絵画「振天府」が完成するのは五年後の三一（昭和六）年。その画風は絵画館の各作品のなかでも異彩を放っており、同館でもっとも優れた絵画との評がある。

「他の作家が、与えられた画題を単一の視点で、統一的空間を描いてみせるのに対し、清雄の作品はいくつかの異空間を同一画面に纏める構成となっている」（竹中直「川村清雄作『振天府』の制作過程について」二〇〇三年）

「振天府」（写真15）を見ると、この絵は画面右上の白馬に乗った童子と日章旗を掲げる日本軍、画面上部の振天府と戦利品搬入の光景、下半分の戦利品の三つの空間に分割されている。「文明と非文明の戦い」とされた日清戦争の勝利、戦利品の獲得、その品々と、絵は物語を展開する構成になっている。

童子と日本軍は「文明国」である日本の正義と勝利を表している。振天府への戦利品搬

写真 15　川村清雄作「振天府」（明治神宮外苑聖徳記念絵画館蔵）

入の模様を描いたのが川村絵画の特徴で、勝利感の高揚を表そうとしたのか。川村は搬入に関わった軍人の日記を取り寄せ、人足の様子なども調べた上で描いたという。戦利品搬入を記録した文書、写真などは現在残っておらず、この絵画は貴重な「視覚資料」である。

戦利品に目を移すと、画面左端にある旗は平壌の戦いで捕獲された清国国旗。その下に軍刀、床には馬具がある。椅子の向かって右側にかかっているのは清の文官礼服、その右上には振天府の屋外に陳列されている獅子の石像、画面右下の床にあるのは古槍のようだ。超写実的に描かれた異国の物品と幻想的な空間の異質なコントラストは、見る者を奇妙な感慨にふけらせ、想像をかき立てる。前掲論文で竹中直氏は「振天府造立に関する明治天皇の意思等を、異空間を纏め上げる『構想画』として完成させた」と述べている。

竹中論文にはもう一つ興味深いことが書かれている。川村清雄は当初、画面に清兵の捕虜六、七人を描くつもりだったという。下絵には憤怒と苦痛のすさまじい形相で身を震わせる捕虜が描かれていた。しかし、下絵をチェックする機関から「国際情勢に鑑みてこの図はいかがなるものか」との指摘があり、川村は描くことを断念したという。

この絵の制作が日清戦争直後ならそのままであったかもしれない。「分捕り品」と捕虜を並べるサディスティックな図は作者だけではなく、国家の品性をも問われたであろう。この絵は現在も絵画館に展示されているが、捕虜が描き込まれていたとしたら、公開に堪えられたかどうか。
選ばれた有資格者による拝観記を通じて振天府の存在と「皇恩」は世間に伝わっていたが、御府の性格に画期をもたらす出来事が一九〇七（明治四十）年にあった。『明治天皇紀』の同年三月十九日の条が記している。

「東京・広島両高等師範学校職員・生徒並びに各府県視学等二百八十二人をして振天府を観《みせ》しめ、侍従武官長男爵岡澤精をして説明せしめたまふ。従来高等師範学校生徒には、其の卒業の際宮城内二重橋附近の拝観を許されしが、該生徒たる、卒業後は皆職を教育に奉ずるものなるを以《もっ》て、文部大臣牧野伸顕は、是《こ》れ等《ら》生徒をして振天府を拝観するを得しめば、教育上利する所大なるものあるべきを思惟《しい》し、予《あらかじ》め之《こ》れを請願せしに依《よ》るものにして、爾後例と為《な》れり」

のちに宮内大臣、内大臣として、大正・昭和の皇室に深く関与した牧野が最初に御府の教育効果に着目したのは興味深い。

†国威発揚の宣伝装置として

戦利品・記念品の収蔵施設として構想された御府は、それを展示・公開することにより国威発揚、軍備増強のための宣伝装置の要素が加わった。さらに天皇による慰霊・顕彰の説話により、「戦没者を悼む皇室」のイメージ戦略に使われた。そして第三の「機能」として教育施設の要素が付加された。以後、この教育を主目的とした拝観が増えていくことになる。

東京と広島の高等師範学校職員・生徒が拝観した九日後の三月二十八日には女子高等師範学校の職員・生徒百二十一人が振天府を拝観している。まず師範学校を選んだのは牧野の慧眼だった。教師はある意味で思想を伝える反復伝声管であるから、何代にもわたって数多くの人間に「御府説話」が伝わっていくことになる。

教育施設としての御府は皇子教育にも活用される。四年後の一九一一（明治四十四）年七月八日、皇孫の裕仁《ひろひと》親王（昭和天皇）が弟の雍仁《やすひと》、宣仁《のぶひと》親王（のちの秩父宮、高松宮）とともに振天府を見学した。裕仁親王は十歳、雍仁、宣仁親王はそれぞれ九歳、六歳だった。説明役は岡沢精の後任侍従武官長の中村覚《さとる》だった。裕仁親王らは本館の戦利品と休所の「四兵の花瓶《はないけ》」を見たあと、参考室で戦死者・戦病死者の写真・遺品等を拝観した（『昭和天皇実録』）。

そして、この年から振天府拝観の資格が初めて定められ、以後の御府の拝観が恒例化することになる。これまで「文武官その他特種の者に拝観許さる。ただし一定の資格範囲は定められず」とされていたが、同年十月二十一日付けで拝観資格者範囲が通牒された。

「振天府拝観出願の儀は従来区々に」行われてきたが、新年式拝賀の資格者以上の者に「特別の思召を以て拝観差許さる」と定められた（宮内省大臣官房総務課『拝観録』一九三三年）。

拝観を許されるのは親任官（天皇が辞令に署名、任命する高等官の最上位）、勅任官（高等官一等・二等）と同待遇の者。公侯伯子男の爵位者、貴衆両院議長・副議長、麝香間祗《じやこうのまし》候《こう》・錦鶏間祗《きんけいのまし》候《こう》、貴衆両院議員、神仏各宗派官長、門跡寺院住職などだった。

麝香間祗候、錦鶏間祗候は現代では聞き慣れない言葉だが、前者は明治維新に功労のあった華族など、後者は勅任官を五年以上務めた者などのうちの功労者のことだ。

天皇に直結する、いわゆる藩屏《はんぺい》のみが拝観を許された。庶民から見れば雲の上の特権階級だが、これに加えて特別に「卒業後将校、同相当官となるべき陸海軍生徒」「在郷軍人会員たる准士官以上の者」に拝観資格が与えられた。

御府に軍人の教育施設としての機能を期待したゆえである。軍人もまた天皇に直結する「特権階級」である。大正期以降に常態化する御府拝観は、むしろこの特別に許可された軍人への公開が主流となっていく。

第二章 輝ける明治の戦果——国民教育の施設へ

†義和団事件から北清事変へ

日清戦争から五年後の一九〇〇（明治三十三）年、中国大陸で再び日本軍と清軍が戦火を交えることになる。北清事変である。日清、日露戦争のはざまで起きたこの軍事衝突事件は短期間で終結した。大量の戦病死者を出さなかったことから「戦争」とはみなされず、歴史教科書でも日露戦争へいたる小事件として扱われることが多い。忘れられた戦争ともいえる。

しかし、北清事変がその後の日本と中国の関係に及ぼした影響は、ある意味で日清戦争よりも大きい。日中、太平洋戦争への道の出発点がここにあったといっても過言ではない。当時の日本軍にとってはまぎれもない戦争であり、輝かしい「戦勝」であった。それが証拠に、同事変を記念した第二の御府「懐遠府《かいえんふ》」が造営されているのだ。

十九世紀末、中国ではアヘン戦争などによる不平等条約締結で西欧列強が進出するとともに、キリスト教が深く浸透していった。外国人宣教師たちは自国の威を借りて中国の歴史と文化を無視した傲岸な布教を行うこともあった。

一八九九年、これに対する宗教的反発と排外主義を背景に山東省で白蓮教の一派・義和団によるキリスト教会や外国施設の襲撃事件が発生する。「扶清滅洋《ふしんめつよう》（清朝を助け、西欧列強を滅ぼす）」を掲げた義和団の勢力は一九〇〇年六月には首都北京に広がり、列国の公使館も襲撃された。各公使館は五十六日間義和団により封鎖される。

義和団事件を利用して列強を牽制《けんせい》しようとした清は六月二十一日に各国に宣戦を布告。列強八カ国（英・米・露・仏・独・伊・オーストリア＝ハンガリーと日本）は五月末から義和団鎮圧のため軍隊を派遣していた。

もっとも多くの軍（列強全軍の半数近く）を送ったのが日本だった。狙いは中国での権益拡大、朝鮮半島での地位確立、満州占領を企図するロシアへの牽制、「極東の憲兵」として西欧列強に協力することで不平等条約改正への道筋をつけることなどがあった。

日本軍を主力とする連合国軍は装備に劣る清国軍と義和団を圧倒。八月半ばに北京は陥落し、義和団運動は鎮圧された。清は連合国と北京議定書を締結し、巨額の賠償金と外国軍隊の駐留を認めざるを得なかった。このとき認められた日本軍の駐留権が昭和の盧溝橋事件＝日中戦争勃発の遠因となる。

また、ロシアは事変を機に満州に出兵し、全域を占領した。事変収束後も軍を引き揚げずに占領を続け、これが日露戦争を誘発することになった。

†北清事変の戦利品

連合国軍は兵士に略奪を許可したため、列強の各軍の暴行、略奪が激しかった。それと対比して日本軍の軍紀は厳正で、略奪がほとんど行われなかったとの「美談」が語られている。しかし、それは誤った認識で、日本軍も数多くの略奪品＝戦利品を持ち帰っていたことがわかっている。そのなによりの証拠が同事変を記念した懐遠府の存在である。

約六十年も皇室取材を続けた名物記者の藤樫準二《とがしじゅんじ》が著した『皇室大観』によると、北清事変関連の戦利品は当初、皇居内の「第二多聞《たもん》」に収納されていたという。

多聞とは江戸城の防御施設で、鉄砲や弓矢が収められていた長屋造りの倉庫だった。第二多聞は二重橋の奥に見える伏見櫓《ふしみやぐら》の東側に連なっている建造物だ。

一九〇一（明治三十四）年二月、ここにあった収蔵品はいったん吹上御苑の観瀑亭《かんばくてい》と吹《ふき》上茶屋《あげちゃや》に移されたあと、新御府へと納められることになる。同年十月十日の『明治天皇紀』は次のように記している。

「清国事変〔北清事変〕戦利品陳列場を吹上御苑の一隅、振天府の北二百歩の地に建造したまふ、此の地に主馬寮所管の内廷厩舎あり、命じて旧三の丸に移転改築せしめたまふ、陳列場は桁行六十五尺、梁間二十六尺、瓦葺二重屋根入母屋造にして、南に面し、向唐破風造の昇降口二を付す」

振天府と相似した形容で、場内の陳列は振天府と同様に「悉く《ことごと》宸案《しんあん》〔天皇の案〕に出て、一瑣事と雖《いえど》も之れを放任したまはざる」ということになっている。別の資料では第二の御府の竣工は十月一日とされている。完成に先だつ八月三十一日、「懐遠府」と命名された。振天府と同じく扁額が掲げられた。伏見宮貞愛《さだなる》親王筆で、背面には股野琢による懐遠府記が記された。十一月には懐遠府の「南西七十許歩」に休所が造られる。広さは約二十四坪、「御座所六畳、北に面し、次室四畳半」だった。

十二月二十六日、観瀑亭に収蔵されていた鹵獲《ろかく》兵器などの戦利品が懐遠府に移される。翌日、日清戦争の例に準じて陸海軍と外務省から提出させた戦病死者の名簿、将校の写真が天皇に報告され、天覧の後に懐遠府に納められた。

宮内公文書館所蔵の『懐遠府説明書』（一九三五年）には北清事変の日本軍戦記が記載されている。

日本の出兵は一九〇〇（明治三十三）年五月三十一日。軍艦愛宕から上陸して北京に入った海軍陸戦隊に始まり、陸軍第五、第十一師団の歩兵大隊、騎兵・砲兵、工兵中隊などが進出したと記す。

「第一陸戦隊四百四十二人、第二増援隊二千人、北京公使館を攻撃せし敵は約一万人。列国の直隷省に用ひたる兵力は九万人にして、別に露国は十六万人を満洲に派遣せり。然して清国の之れに対して用ひたる兵力は十三万人なり」

同説明書は戦闘を詳述した後、戦利品の説明に移る。まず寺内正毅《まさたけ》参謀次長より献上された天津などで捕獲した敵の旗。続いて「清国康熙帝御製金龍砲」が一門とある。これは北京城内で獲たもので、「之を土人に問ふに何れも国宝なりと答ふるに依て察するに各旗に属する砲兵の尊重する儀砲たるを知るに足る」という。清の国宝を分捕ってきたようだ。

敵を「土人」と呼ぶのは、「非文明の未開人」という意識だろう。あきらかな蔑称である。「文明と非文明」の戦いといわれた日清戦争での中国蔑視の感情はすっかり根付いていた。

日本人に定着した中国侮蔑観は懐遠府の名にも表れている。この名は「徳を以《もつ》て遠くの人々を懐《なず》かせる〔心服させる〕」という意味がある。「懐遠府記」には、皇室の深い仁慈により、未開の「土人」たちが恭順したということが書かれている。

戦利品はこのほか、速射砲、楯、小銃（モーゼル銃、レミントン連発銃など）、北京城朝陽門門扉の破片と金具などがあった。『禁廷三宝庫誌』にはおもな戦利品が掲載されている。

各種小銃、地図、甲冑、義和団槍旗
青龍刀、令旗、六センチメートル速射山砲
北京城東直門城壁の煉瓦、同安定門獣形瓦、同東直門の額と扉
義和団の令旗、ラッパ、槍、印鑑、清国軍隊陣形一般図

これに加えて戦闘で破損した村田銃など、日本軍が残した「参考品」がいくつか収蔵された。それら一つ一つの由来が『懐遠府説明書』には記されている。そのうちの一つ「飯《はん》盒《ごう》」には次のような物語があった。

一九〇〇年九月十三日、北京郊外の村で偵察を命じられた歩兵第四十二連隊第四中隊の向井吉之進一等卒は敵兵の存在を確認。これを報告するため帰還する途中、敵兵約五十人に囲まれた。

「之《これ》と奮闘して其《その》三人を斃したるも衆寡敵せず、之が為《た》め十三個所の刀創を蒙り、遂《つい》に名

誉ある戦死を遂げたり。即《すなわ》ち此《こ》の数個の刀痕ある飯盒は当時吉之進奮闘の際携帯せしものなり」

北清事変での戦死者は三百七十五人、病死者は九百七十六人。戦没者の総計は千三百五十一人だった。懐遠府には振天府と同様に戦病死者の名簿と戦没将校の写真額が納められた。

とはいえ、戦没者数が一万人を超えた日清戦争と比較するとほぼ十分の一である。事変が短期間で終わったこともあって、懐遠府の収蔵品は振天府と比べると明らかに見劣りしている。

†懐遠府への違和感

向井吉之進一等卒の戦場美談は日清戦争の木口小平のように広く伝わることはなかった。それへの怨み節のような言葉が『禁廷三宝庫誌』懐遠府の説明末尾にある。

「本戦役は一事変なるを以《もっ》て戦利品も固より少く世界に於《お》ける支那の地位に就《つい》ては重大の意義を生ぜりと雖《いえども》戦役としては規模小なるを以て特記す可き戦利品少し。唯明治天皇の天覧あらせられざるは遺憾の極なり」

これは少し驚かされる記述だ。明治天皇は懐遠府を一度も見ていないというのだ。戦役としては小規模だから、戦病死者の数が日清戦争と比べて少数であるからだろうか。しかし、振天府で語られた戦没者を深く悼み、写真額、名簿など天皇自ら御府の意匠を考えたとする「手づから」説話と矛盾する事実ではないか。

懐遠府も「悉《ことごと》く宸案に出た」ものではなかったのか。はるか遠方にある施設ではない。皇居内にあり、宮殿から歩けば十分もかからない場所にある施設だ。その御府に足を運ばなかった。これは何を意味するのだろう。

北清事変が戦役とはいえない小規模の軍事衝突であるならば、御府などわざわざ造る必要はなかった。それでもあえて造営したのは、「小戦役」とはいえ戦勝であった事変を顕彰し、国威発揚と皇恩を広報する必要があったためだろう。

懐遠府が造営された一九〇一（明治三十四）年は、事変後に満州から撤退しようとしないロシアの現実的な脅威が日本人全体の心に重くのしかかっていた。いわゆる恐露病の時期で、三国干渉への復仇と恐露病を背景に大増税と軍拡が行われた。懐遠府は慰霊・追悼よりも軍拡のためのプロパガンダを目的として造られたのかもしれない。

というのは、プロパガンダ施設としての必要性がなくなった時期から、懐遠府は急速にその価値が減退し、「忘れられた御府」となるからだ。それについては後述する。

懐遠府に関しては振天府の存在意義を広報したような拝観記がない。そもそも拝観が許されなかったからだ。明治、大正時代はいっさい公開されなかった。この事実を考えると、プロパガンダだけが目的だった施設ともいいがたい。

北清事変後、日清戦争をはるかに上回る戦没者を出す空前の大戦争、日露戦争が勃発する。それを記念する御府「建安府」が造営され、振天府との間に挟まれて懐遠府はますます影が薄くなる。懐遠府は「早まって造ってしまった御府」のようになっていく。その違和感により明治天皇は足を運ばなかったのだろうか。

一方で皇后（昭憲皇太后）は懐遠府に足を運んでいる。竣工六カ月余りあとの一九〇二（明治三十五）年四月十八日だった。

「皇后、新成の懐遠府に臨み、蔵する所の明治三十三年清国事変の戦利品を覧たまふ、又振天府にも成らせらる」（『明治天皇紀』）

翌日には皇太子嘉仁《よしひと》親王も懐遠府を見学している。皇族は〇二年三月二十六日には伏見宮貞愛親王ほか四人、同三十日に久邇宮らが懐遠府を訪れている。臣下も同年一月十七日に田中光顕宮内大臣以下五人、翌〇三年六月十六日に山県有朋元帥以下九人が拝観したが、天皇はかたくなまでに懐遠府に行かない。

実際に御府で戦没兵士を追悼慰撫する役目は皇后が担っていたのか。ただ、不思議なことに『昭憲皇太后実録』にはこの事実が記載されていない。皇太子が数回訪れているのは、将来の大元帥として御府で「戦争の記憶」を学ぶことを求められていたからだろう。

ただ、皇太子が御府で感じた印象は、日本軍の武勇よりも、異郷の地に骨をうずめた将兵たちへの哀憐であったようだ。皇太子時代の大正天皇には「戦利品をみて」と題する歌がある。

武夫《もののふ》のいのちにかへし品なればうれしくもまた悲しかりけり

第一章で紹介した「振天府」と題する昭憲皇太后の御歌三首と同様に、御府の品々を兵士たちの命の「形代《かたしろ》」のように見て悼む心が伝わってくる。

皇太后の歌は命と引き替えに得た戦利品・記念品を皇居内の御府という空間に集めて顕彰する「皇恩のありがたさ」、天皇のために戦った兵士の忠義をたたえることに重点が置かれているように読めるのに対し、皇太子は一人の人間として戦没者への深い同情をストレートに詠んでいる。

「戦争に勝って戦利品をここに集めたことは国家にとっては喜ばしいことだろう。しかし、これらの品々を見ると、その悲しみがその喜びを打ち消してしまう」と読むこともできる。

戦利品と将兵の遺影・名簿を同じ場所に併置することは、物品と命が等価に見られているかのようでもある。皇太子はその光景に違和感を持った、といったら深読みしすぎか。

同じ時期、皇太子は「従軍者の家族を思ひて」として、「御軍《みいくさ》にわが子をやりて夜もすがらねざめがちにやもの思ふらむ」と詠んでいる。天皇時代にも「国のためにたふれし人の家人はいかにこの世をすごすなるらむ」という戦死者遺族に同情する御製がある。

戦争は勝利を収めたとしても、その陰には大量の兵士の死とその家族の悲しみがある。それら一人ひとりの境遇を想像することができる優しい心根の人だったのだろう。

明治天皇にも「国のため斃れし人を惜しむにも　おもふはおやのこころなりけり」という、同じように戦没者と家族を想う御製がある。

†日露戦争の辛勝

北清事変後も満州から軍を引かないロシアに対し、日本政府内では「満韓交換論」が主流を占めていた。ロシアの満州支配を許容するのと引き換えに、日本の利益線・韓国を確保しようとするものだ。まだ満州は「日本の生命線」ではなかった。

一九〇二（明治三十五）年一月三十日、日英同盟が調印される。イギリスにとって日本を「アジアの番犬」とし、日本にとっては世界帝国のイギリスの威を借ることのできる軍事同盟である。ただ、この時点で日本政府は日露協商の成立も模索しており、必ずしもロシアとの戦争をにらんだ同盟ではなかった。

北清事変後も満州に居座り続けたロシアは列強各国からも非難を受けたため、同年四月に清と撤兵協約を結ぶ。しかし、十月までの第一次撤兵は行われたが、翌〇三年四月上旬が期限の第二次撤兵は行われなかった。

日本政府にはまだ満韓交換論、日露の協調論があったが、新聞の論調など世論が対露強硬論に転じていく。同年十月の第三次撤兵期限が過ぎてもロシアは動かず、世論は一気に硬化。各新聞は「開戦やむなし」の主戦論を唱え始めた。

生方敏郎『明治大正見聞史』によると、このころ「毎日のように新聞には満州の風雲急なることが繰返し繰返し報ぜられた」という。郷里で落ちぶれて東京で植木屋をしていた生方の伯父までが次のように吹きまくっていた。

「いやあ、この分ではいよいよ露西亜と戦争になるかなあ。早く戦争をおっ始めて、露西亜軍を敗北させ、セントピタースブルグへ攻め上って城下の誓いをするがいいんだ。そして西比利亜《シベリヤ》はどうしても日本のものにしないということは間違ってるよ」

日露両政府は問題解決の交渉を続けたが、世論の圧力もあり、ときの首相・桂太郎らは戦争の決意を固める。日本が戦争準備を始めるのに呼応して、ロシアも極東の軍備増強を続けた。一九〇四（明治三十七）年二月四日の御前会議で開戦が決し、政府は六日にロシア政府に対して交渉中止と国交断絶を通告する。

宣戦布告は二月十日に行われたが、戦争は八日の日本陸軍の仁川上陸と旅順港外での日本艦隊のロシア艦隊攻撃で始まった。陸軍は第一—四軍に分かれて朝鮮半島、満州に展開。海軍は旅順港の閉塞作戦を実施した。

八—九月の遼陽会戦で日本軍がロシア軍に勝利する。一方、八月からの旅順攻囲戦に日本軍は約十三万人を投入。死傷者は約六万人、戦病者約三万人、損耗率七割というおびただしい損害を出した末、翌〇五（明治三十八）年一月に旅順のロシア軍を降伏させた。

三月、日露双方で五十万人以上の兵力が激突した奉天会戦で日本軍はかろうじて勝利を収めたが、これ以上戦争を続ける余力は残っていなかった。五月、日本海軍が日本海海戦でロシアのバルチック艦隊を全滅させる大勝利を得て、講和の機運が高まる。

六月にアメリカのルーズベルト大統領が両国に講和を勧告、日露はこれを受け入れた。八月から九月にかけてポーツマスで講和会議が開かれ、九月一日に休戦協定が結ばれた。

「日露戦争は、日本軍八万四〇〇〇人、ロシア軍五万人という多くの戦死・戦病死者を出して終わった。両軍の戦死者以外に、それぞれ一四万三〇〇〇人、二二万人という戦傷者もおり、彼らの社会復帰も戦後の課題であった」（原田敬一『日清・日露戦争』二〇〇七年）

日露戦は日清戦のおよそ六倍強の戦病死者を出した。日本が最初に経験した近代戦であり、無残な大量死を招いた恐怖体験だった。

旅順攻囲戦では乃木希典率いる司令部の突撃指令で屍の山が築かれた。恐慌をきたした兵士たちの間に、戦場から逃れるための自傷行為が続出したという。しかし、近代戦争の残酷体験は勝利の熱狂のなかで埋没し、戦死者の物語は軍神として語られるだけだった。

未曾有の人的被害を出した戦争であり、辛勝もしくは引き分けに近い形ながら、国民には「大勝利」と信じられた。当然、振天府、懐遠府に次ぐ第三の御府を造営し、戦利品と戦没将兵の写真・名簿を収納すべきであった。

†建安府はどこに建てられたか

前掲の藤樫準二『皇室大観』では、終戦翌年の一九〇六(明治三十九)年に日露戦を記念した御府が着工したと記述されている。不思議なのはこれだけの大戦争の記念御府にもかかわらず、『明治天皇紀』にはそれに関わる記述がたった一カ所しか出てこないことだ。

「明治三十七八年戦役戦利品格納の府成り、建安府と名づけたまふ、是《こ》の日乃《すなわ》ち帝室博物館総長股野琢に命じて命名の記を択《えら》ばしめ、且《かつ》〔閑院宮〕載仁親王をして其《そ》の扁額を書せしめたまふ」

日露戦の記念御府「建安府」が完成したという記述だ。股野の建安府記によると、「建安」の二字は『漢書』賈誼伝第十八「建久安之勢、成長治之業」（平安久遠の形勢をうちたて、治平長久の功業を成就し）からとったものらしい。

解せないのは、この日付が終戦から五年もたった一九一〇（明治四十三）年四月八日ということだ。振天府、懐遠府の完成はともに終戦翌年だった。なぜこれほど時間がかかったのか。『明治天皇紀』は振天府、懐遠府完成時にその由来や外観、寸法などを詳しく記述していたのに、建安府については命名したことと建安府記のみの記載で実にそっけない。同府造営に関して語られざる紆余曲折があったのではないかと感じさせる。

また、『皇室大観』では建安府竣工は『明治天皇紀』の記述の一年前の五月としている。『禁廷三宝庫誌』には「明治四十四年六月十四日建安府と御命名の旨発表」と記されている。「発表」とあるので、命名から発表まで一年ずれたとも考えられるが、それならばなぜすぐに発表しなかったのか。

どうも建安府については完成の時期など記録がちぐはぐで不自然だ。そして『禁廷三宝庫誌』を読み進めていくと、仰天する記述に出くわすことになる。それについては後段で述べるが、不可解なのはその建築場所である。

『明治天皇紀』にはその場所が書かれていない。他の資料を見てみよう。

「建安府　懐遠府の北に当る。日露戦役の殉国者の氏名、写真、戦利品、記念品等を収め

られてゐる。本館の他に御休所、砲舎等がある」（文部省『高等科修身一　編纂趣意書』一九四四年）

「懐遠府の北に当る」（井原頼明『増補　皇室事典』一九三八年）

「建安府は吹上御苑の三角門内《みすみもんない》に建設せられてある」（『皇紀二千六百年記念　宮中御写真帖』一九四〇年）

「建安府は懐遠府と小径を挟み相対したるところに御造営遊ばされ、規模は振天府懐遠府より大きく凹字形の一棟である」（松尾小三朗『日本民族精神』一九三五年）

　これらを読むと、建安府は懐遠府の北側に建築されたようである。しかし、御府エリアの古い図面には懐遠府の北側には御府らしき建物はまったく見当たらない。

　実はこれらの資料はまちがっているのだ。懐遠府の北側に建安府は建てられなかった。その場所に建安府が見当たらないのは、懐遠府こそが建安府だったからだ。どういうことか。『禁廷三宝庫誌』にこう書かれている。

「元懐遠府建物を建安府本館に充て更《さら》に参考室及砲舎模型室を新に増築せしめられたるものなり」

　建安府は新たに造営されたのではなく、懐遠府だった建物を「代用」したのだった。一九三三（昭和八）年に宮内省大臣官房総務課が刊行した『拝観録』にも「懐遠府は其《その》後此《こ》所《こ》へ日露戦役記念品を収納せらる。現在の建安府本館之《こ》れなり」と説明している。

「明治四十一（一九〇八）年九月廿六日より三十七八年戦役戦利品陳列所に充てられたる為《ため》懐遠府内御品は同日より全部観瀑亭吹上御茶屋へ移転、同日より十日間元懐遠府御構内新築舎へ三十七八年戦利品を納入す」（『禁廷三宝庫誌』）

懐遠府内にあった北清事変の戦利品等の物品は、日露戦争の戦利品等と入れ替えられ、建物は建安府となった。懐遠府自体もこの時点で廃止され、収納品はもとの収蔵場所だった吹上御苑の観瀑亭と吹上茶屋に戻されてしまったのだ。

なぜ建安府は新築されなかったのか。日清戦争、北清事変とは桁のちがう戦没者を出し、列強の一国であるロシアに勝利した輝かしい戦争であったはずだ。御府のエリアにはまだ敷地は十分あり、第三の御府を大々的に造営してもよさそうなものである。

†消えた懐遠府

『明治天皇紀』の舌足らずで消極的ともいえる記述や各種資料の混乱（懐遠府と建安府が別個に建てられていたとするまちがい）を見ると、どうも隠された事情があったのではないかとみられる。しかし、それを確認できる資料は見当たらない。

同時に不可解なのは懐遠府の扱いだ。建安府のために追い立てをくった収蔵品は観瀑亭と吹上茶屋に片付けられてしまった。天皇が「手づから」造った戦没者を追悼・顕彰する御府が消滅し、遺品と肖像写真、名簿が倉庫の奥に押し込められたのだ。

懐遠府はいったい何のために建てられたのか。「北清事変は御府で記念するほどの戦争ではなかった。ちょっと早まって造ってしまった。日清、日露の大戦争と並び立てるとあまりにも見劣りする。御府はなかったことにしよう」といわんばかりの扱いだ。

流転する懐遠府の収蔵品は、明治末に再び「宿」を得ることになる。一九〇九（明治四十二）年、天皇の沙汰により「諏訪の茶屋」が吹上御苑に再建されることになった。諏訪の茶屋は江戸時代に吹上の庭園にあったが、明治期に赤坂の仮皇居に移築されていた。

諏訪の茶屋は一九一二（大正元）年十二月二十三日に落成した。建坪は約四十坪。ここに北清事変記念の収蔵品を収納することにし、新たな懐遠府となった（写真16）。

写真17は懐遠府＝諏訪の茶屋内部の写真だ。正面の壁に「懐遠府」の扁額が掛けられている。茶屋形式の建物では外に掲げる場所がなく、内部にもってきたようだ。歩兵銃が立てかけてある横に「福」「壽」の文字の衝立がある。右側の壁には戦没将校の肖像写真の額が見えるが、写真の数は少ない。

別の部屋の写真（写真18）にもたくさんの歩兵銃が立てかけてある。棚には陸軍、海軍別に記念品が並べてあるが、ぎっしりと物品が並んでいた振天府と比べると、かなりまば

写真 16　新たな懐遠府となった諏訪の茶屋（宮内庁宮内公文書館蔵）

写真 17　懐遠府の扁額が掛けられた内部の写真（宮内庁宮内公文書館蔵）

写真18　懐遠府の収蔵品は、振天府に比べてまばら（宮内庁宮内公文書館蔵）

らである。

諏訪の茶屋近くには懐遠府大砲陳列所もあったらしい（写真19）。建坪は約二十二坪。外観から、これも茶屋を転用したものとみられる。中には野砲、機関砲が収蔵されていた（写真20）。

新たな懐遠府の場所は振天府、建安府のある御府エリアからかなり北側（現在の吹上大宮御所近く）であった。なんとなく仲間はずれにされているような感じだ。「由緒ある諏訪の御茶屋跡に御茶屋風に作らしめられたるは御苑内の調和を保たしめんが為の叡慮なり」（『禁廷三宝庫誌』）という。

だが、ここも懐遠府の安住の場所ではなかった。昭和期になってまたも移転をせま

写真 19　懐遠府の大砲陳列所（宮内庁宮内公文書館蔵）

写真 20　懐遠府の大砲陳列所の内部（宮内庁宮内公文書館蔵）

られるのだが、それは後章で述べることにしよう。

†建安府の構造

居ぬきのような形でできあがった建安府の内容に話を移そう。『禁廷三宝庫誌』にその構造が詳しく記載されている。本館は元懐遠府だから外観、面積などは同じである。本館のほかに参考室（二階建て、右翼陳列所ともいわれた）、陸軍砲舎、参考砲舎、模型室があったという。「建安府」の扁額は閑院宮載仁《ことひと》親王の書で、裏面の建安府記は股野琢の作であった。

『禁廷三宝庫誌』には日露戦争で戦没した陸海軍軍人軍属の人数が所属師団、艦隊、准士官以上、下士兵卒別に記載されている。陸軍の戦死者は六万五百二十六人、病死者は二万四千六百四十九人。海軍は戦死二千九人、病死九百十六人。

陸海軍の戦没者は約八万五千人対約三千人と圧倒的に陸軍が多い。階級別ではもっとも戦死者が多かった第十一師団では准士官以上二百二十三人に対して下士兵卒は五千六百四十六人に上る。他の師団も同じような比率だ。海軍では各艦隊で准士官以上の戦死者は平均五十数人だが、下士兵卒は約四百四十人である。兵士たちの命が大量に消耗された戦争だった。

また、この時期でも戦死者と病死者は厳然と区別されており、戦没者人員表も別々に作られている。

明治期に数多く出た振天府拝観記のように、建安府には拝観記というものが見当たらない。建安府は一九一七（大正六）年まで拝観が許可されなかった。大正期は振天府と建安府の二府の拝観が可能になり、拝観件数では建安府が振天府を上回っている年もあるのだが、どういうわけか拝観記が出ていない。

日清戦争後とは違って、この時期は軍拡推進と「皇室の恩」を広報するための施設として、御府の重要性が薄れたためだろうか。日露戦争以来の軍拡が不況でストップしたこと、大正デモクラシーの時代風潮も影響したのかもしれない。

ただ、二二（大正十一）年に東京・上野で開催された平和記念東京博覧会の際に発行された絵はがき集のなかに建安府が含まれており（写真21）、その存在はある程度周知のものだったようだ。

拝観記はないのだが、二四（大正十三）年の皇居内の写真帳『鳳闕《ほうけつ》』にわずかだが建安府内の描写がある。

「館内には陸海軍の戦利品を蔵《おさ》めらる、館の前庭、西側に二階建の一宇あり、曲廊を架して本館に通ず、舎内には戦病死者の写真及び姓名録、並に当時我が軍の使用せし小型武器、

写真21　「平和記念東京博覧会絵ハガキ張込帖」より「宮中建安府」
（東京都立中央図書館蔵）

被服、器材等を蔵めらる、又、五十余旒の軍旗あり、是《こ》れ当時出征の後備歩兵聯隊に授け給ひしもの、大正六年、陸軍編制大改正の結果、之を奉還す、今上陛下〔大正天皇〕、其の往年の勲績を想ひ、特に此《ここ》に蔵めさせらる」

『禁廷三宝庫誌』に「参考室及《およ》び砲舎模型室を新に増築」とあったように、建安府は懐遠府の建物を本館として代用したあと、参考室、砲舎、模型室を建て増ししたようだ。

『鳳闕』で描写されているように、建安府の本館西側に参考室を建て、回廊でつないだ。建安府は現在も厂型の建物として残っている。ただ、模型室と砲舎は現存していない。宮内公文書館に所蔵されている写真から推測すると、模型室は参考室の北西側、砲舎は東と南側に二棟あったとみられる。

†御聖徳のエピソード

また、宮内公文書館には「建安府」と題する侍従武官府作成の文書がある。これは一九二一（大正十）年に作られたもので、拝観者向けに侍従武官長が説明する内容が書かれている。建安府案内のアンチョコのようだ。

ここでも「凡《すべ》て是等《これら》建物の按配、内部の排列法等は悉《ことごと》く先帝陛下〔明治天皇〕の思召になりしものにて臣下の考へは毫も含まれてありませぬ」と、御府の造営はすべて天皇自身によって行われたという説話が踏襲されている。

このあと、日露戦争は日清戦争とは比べものにならない大戦争であり、東アジアの小国日本が大国ロシアに挑戦したことに対し、世界は当初冷笑していたこと。その強大なロシア陸海軍に対し、戦力に劣る日本軍が勇敢に戦ったことなどが語られる。

そして日本が「期せずして戦勝」を得た主因が「陛下御稜威《みいつ》〔威光〕の然《しか》らしむる所」だという。その御稜威は戦役期間中に示された数々の「御聖徳」を知れば明らかだとして、次に挙げるような、その一端が紹介されていく。

○明治天皇はもともと御用邸などで避暑避寒をしなかったが、戦時中はそういう休暇はもとより、慰安の類もことごとく慎んでいた。しいて「御慰み事」といえば戦闘将棋をたしなむ程度で「片時も戦争御気分を緩めさせ玉《たま》ふことは無かりき」であった。
○「寒気強烈の満州平野に馳駆《ちく》する将卒の艱苦を偲ばせ玉ふこと深く」、厳寒の時期でも「全然或は一部御室内の暖炉を焚かしめ玉はざりし」
○海軍の旅順港閉塞作戦で多くの将兵が犠牲になっていることについて、「朕《ちん》は軍事に通暁せる身にもあらざれば別に之れに勝るの良策とて按出し能《あた》はざるも、夫《そ》れとて何か他に良策も無きものにや」と側近に尋ねることしばしばであった。
○日本海海戦の大戦果の報告が刻々と入るなか、「報告では味方のみが余りに宜《よろ》し過ぎる様なるが、斯《か》かる戦果を収むるためには必ずや我が軍の死傷も少なからざるべし。果して如何にや。宜しきにつけても尚《な》ほ一層油断無きこそ肝要なるべけれ」とのお言葉を賜る。
○陸軍の第一回戦利品としてコサック騎兵の長鎗が天覧に供された。それを見た天皇は「是れは如何《いか》にも兇悪なる武器なり。定《さだ》めて彼等と格闘せる我勇士の中には此鉾先に掛り悲惨の最後を遂げし者も多かるべし。国家の為とは云ひながら洵《まこと》に気の毒のものなり」と深き御仁慈を示された。
このような聖徳説話のほか、奉還された血染めの軍旗などについての武勇説話、昭憲皇太后が手づから兵士のための包帯造りにいそしみ、傷病者を慰問したことなどの皇恩説話が続く。

そして振天府同様の戦没将校の肖像写真説話である。天皇の指示で集められた「将校、同相当官」の写真は、参考室の階上に戦死者、階下に病死者が掲げられたという。「戦死」と「病死」は明確に区別（差別？）されている。

参考室に全戦没将兵の名簿が収蔵されたのも振天府と同様だが、建安府では違った意味が付与されていた。

「下士卒は人数多く到底写真を蒐集し能はざるを以て、過去帳に倣《なら》ひ姓名録に認めあり。従て此御建物に限り様式を異にし陛下の厚き思召を以て納骨堂の如く御考察あらせられたり」

参考室を納骨堂に擬していたとすると、慰霊の空間としての要素が一層強くなっていたことになる。皇居内の「戦士の墓」といってもいい。

このあとには、のちの時代に御府の性格が大きく変質することが予見される説明書きがある。

「元来戦病死者の霊は護国の神として靖国神社に合祀せられ、年々の祭祀絶たざるのみならず、恐多くも時々陛下の行幸あらせらるゝ等至大の栄誉を有するに拘《かかわ》らず、此上《このうえ》尚《な》ほも其《その》写真姓名等を永く御左右に留めて忠魂を慰めんとの有難き御沙汰、聖慮の優渥《ゆうあく》〔手厚さ〕なる、誰か感涙せざるものあらん」

昭和の戦時、御府は靖国神社と「合体」した戦没者慰霊施設として、まさに「皇居の靖国」となるのだが、その経緯については第四章で詳しく述べる。

建安府を訪れた人々に対して、侍従武官長は次のような長広舌をふるっていた。

「陛下の戦勝を望ませ賜《たま》ふこと如斯《かくのごとく》深く、又軍隊を信頼し玉ふこと如斯厚し。此貴き思召の程は機に触れ事に当りて発露し、以て軍隊に及び国民に伝はりたり」

近代日本最大の国難であった日露戦争を戦い抜く原動力が天皇にあったと強調する。そして、それゆえに「国民は一意軍隊を後援し、将卒は一身を犠牲に供して忠勤を擢《ぬき》んで所謂《いわゆる》挙国一致の実を挙げ、遂《つい》に百戦百勝帝国の位置を安固にし世界を驚倒せしめたるなり」と話を結んでいた。

この「御聖徳」の話は「親戚等は固《もと》より、在郷軍人等に御伝へなされるなれば好《よ》きと考ふ」として、建安府を拝観できる限られた人たちは、その意義を大いに宣伝すべきことも奨励している。

†建安府本館の収蔵品

写真22　建安府の本館正面（宮内庁宮内公文書館蔵）

拝観記のような「案内書」がないので、宮内公文書館所蔵の写真をもとに建安府内を探索してみよう。まず本館正面の写真（写真22）。絵はがきと同じだ。もとは懐遠府であり、当初の懐遠府の姿でもある。南側に向いた入り口の屋根は振天府と同じ唐破風《からはふ》型で、二つの入り口の間に「建安府」の額が掲げられていた。前庭は芝生がきれいに刈り込まれていて、大きな松の木が見える。

本館内部は戦利品がずらりと並んでいた（写真23）。この写真を見ると、内部は高い吹き抜け天井になっている。外観は二階建てのように見えるが、収納場所は一階しかなかったようだ。そのため参考室が建て増しされたのだろう。

ここにあったおもな戦利品を挙げると、陸

写真23　戦利品がずらりと並ぶ建安府本館内部（宮内庁宮内公文書館蔵）

軍では小銃、軍刀、鐙、ラッパ、コサック騎兵の槍、将校の礼服、各種榴弾、機関砲、水雷、旅順要塞二〇三高地略図、各種野砲、軍旗、露国十字架など。

海軍は露国軍艦旗、三十七密速射砲、露艦ワリャーグ号通風器、艦首飾、露式十二斤速射砲、露国僧侶の法衣、錨、水雷発射管など。

『禁廷三宝庫誌』には戦利品にまつわる物語も記載されている。

コサック騎兵の槍は一九〇四（明治三十七）年六月十三日、歩兵第二連隊九中隊の佐藤小隊が二道河子西方高地（満州南東部）で鹵《ろ》獲《かく》したものだという。コサック騎兵約六、七十人に遭遇した小隊が射撃を加えたところ、敵は甚だしく狼狽して潰走。その場に騎槍十六を残していった。

敵から奪い取った軍旗については誇らしげな逸話がいくつもある。戦利品の欧露第二狙撃兵旅団所属の第五狙撃兵連隊軍旗に関する「武勇伝」はこうだ。

一九〇五（明治三十八）年三月十日、奉天会戦において歩兵第三連隊は達連堡子東北方高地の敵を攻撃、付近一帯を占領した。連隊は退却する敵をさらに追って前進する。

「砲兵及機関砲隊と協力し猛烈なる射撃を之れに加ふるや敵の狼狽名状す可《べか》らず。乃《すなわ》ち聯隊は機を見て機関砲と共に敵陣地に突入せり。〔略〕敵は全く潰乱し数百の車輌を委棄して西北方に敗走せり。此際敵は貴重品の破壊焼棄を努めしも、我攻撃迅速なりし為《た》め軍旗の全部を毀却するの暇なく其《その》旗竿及「モール」の残片を遺し我の鹵獲するところと為れり」

『禁廷三宝庫誌』はこのほかにも「軍旗奪取伝」をいくつも掲載しており、日本軍の攻撃でロシア軍がいかに慌てふためいて逃げ惑ったかが強調されている。

海軍の戦利品では「軍艦三笠日本海々戦紀年弾片　一箱」というものがあった。三笠は日本海海戦で連合艦隊司令長官の東郷平八郎が座乗していた旗艦である。

それはフタに木片が突き刺さった木箱だった。この木片は三笠前艦橋操舵室の扉の一部だという。右舷前部のセルターデッキ下で炸裂した敵の十二インチ弾が四散し、その巨片が艦橋の甲板を貫いて操舵室扉を破り、さらに天井を突き抜けた。そして艦橋の最上部にいた東郷の足元の釣床に落ちて止まった。

「実に奇運なりとす。紀念の為め該巨片に破られたる扉の一部を此儘《このまま》に嵌刻《かんこく》（えぐられた痕）せり」

日本海海戦の「神がかりの大勝利」を象徴する一品だが、これが戦利品といえるかどうか。

戦利品のほかには振天府と同様に日本軍の記念品である「参考品」が陳列されていた。三十年式歩兵銃、飯盒、水筒、迫撃弾、手榴弾、日章旗、軍刀、双眼鏡、防寒外套など。なかには二〇三高地の石もあった。

「参考品は何れも我将卒悪戦苦闘の模様を語るものにして勇敢君国に報じたる無二の紀念物のみなり」として、それらについての物語も記録されている。

「破損せし砲隊鏡」というものがあった。砲隊鏡は敵の砲からの距離と着弾点を観測するカニの眼のような形の双眼鏡だ。

一九〇四（明治三十七）年十月十日から五昼夜にわたった沙河《さか》会戦で、野戦砲兵第十二連隊第四中隊と歩兵第四十七連隊は各方向から敵の猛烈な砲撃を受けていた。敵の砲兵の所在を確かめるため藤本格太曹長が偵察に向かい、砲隊鏡で敵情を視察していたところ、砲弾の集中攻撃を受けた。曹長は顔面と手足に十数ヵ所の打撲傷を負った。砲隊鏡は破壊されたが、その断片は翌日に発見、回収された。

「当時我四中隊が数倍の敵に対して苦戦せし状況は該砲隊鏡と共に其《その》美績を永遠に垂るものと謂《い》ふべし。抑《そもそ》も此戦闘に於《おい》て我死傷将校以下約半数を生じ、其他大砲材料に多大の損害を受けたるも巍然《ぎぜん》（山のように）として陣地を固守し、放列線附近の地形恰《あたか》も蜂巣の如き状を呈するに至りたる当時の戦況を追懐せば、該砲隊鏡の如何《いか》に当中隊に貢献せし功績の偉大なるを賞せざるを得ず」

海軍も負けじと記念の一品「御紋章附函《はこ》」を展示していた。これは同年一月に軍艦対馬が天皇から賜った「明治十五年一月四日の勅諭（軍人勅諭）」を艦長公室内で収納していた箱である。

一九〇五年五月二十七日の日本海海戦で第四戦隊の殿艦《でんかん》（単縦列の最後尾艦）だった対馬は「敵の巨弾二個驀然《ばくぜん》（まっしぐらに）該艦長公室内に命中炸裂し幾多の死傷者を出せし」状態であった。

その際、砲弾の破片が勅諭を納めていた箱の一部を壊したが、「勅諭には毫も汚損を及ぼさゞりし。依て紀念として右函現形の儘《まま》呈出す。海軍大臣山本権兵衛」とある。海軍の説話は神がかり的なものが多い。

海での戦いは撃滅した敵は船もろとも沈んでしまうので、海軍には陸軍のような大砲、機関砲など戦闘を彷彿とさせる戦利品、記念品が少ない。物品の見てくれの貧弱さを補うために神がかりの物語が必要だったのかもしれない。

乏しい記念品になんとか物語を付与しようという涙ぐましい努力を感じさせる物品をもう一つ紹介する。「一機関室囲壁鉄板の一部」というものだ。

これは一九〇四年五月三日、第三回旅順港閉塞作戦で沈没した鉄鋼汽船「朝顔丸」の機関室の外側を覆っていた鉄板の一部だった。沈没した船の一部品がどういう経緯で建安府に持ち込まれたのか、『禁廷三宝庫誌』は何も書いていない。この鉄板が「記念品として価値あり」とされたのは、そこに墨書されていた文字だった。

これは閉塞作戦に従事する下士卒が上官からの命令を伝達するために壁に書いたものだったという。その文面は、

「必ず見て必ず行ふべし
各決死隊諸君はマツ（「マッチ」歟《か》）一ツ及び繃帯包《ほうたい》を開いて急の間に合ふようにせられたし命令伝達す」

であった。これを武勇、忠勇の記念品とするのはいかにも苦しい。

朝顔丸にはもう一つ記念品があり、建安府に収蔵されていた。どういうわけか『禁廷三宝庫誌』は記載していないのだが、数奇な運命で現在も唯一、御府の外に存在している収蔵品といわれるものだ。

それは朝顔丸船首にあった婦人像である。航海の安全を願って船首に取り付けるフィギュアヘッドだが、日本にはその習慣はない。朝顔丸は英国で製造された船であったためだろう。

沈没して船もろとも海底にあるはずの船首像がどうして建安府にあったかというと、旅順港に出撃する前に広島港で取り外されたからだといわれている。日本の慣習にないフィギュアヘッドであり、かつ婦人の像は戦場にふさわしくないと考えられたのか。

写真24　旅順港閉塞作戦で沈没した鉄鋼汽船「朝顔丸」の船首蔵（神戸大学海事博物館蔵）

その婦人像が建安府にあったらしいのだが、とりたてて武勲の物語が付与されていないためか、『禁廷三宝庫誌』はいっさい触れていない。アジア・太平洋戦争後、御府にあった戦利品、記念品はことごとく処分されたが、この婦人像が現在神戸大学の海事博物館に所蔵されている（写真24）。

同博物館のホームページの説明によると、戦後に建安府から海技専門学院に移管され、神戸大学に引き継がれたらしい。御府に収蔵されていた物品が皇居の外で現存しているきわめてめずらしい例である。

建安府にはもう一つ現存する記念品がある。これは本館東側の屋外に設置されていた石碑で「鴻臚《こうろ》井碑《せいひ》」といわれるものである。「唐碑亭《とうひてい》」という石亭のなかに置かれていた（写真25　写真右が唐碑亭。その下の石が鴻臚井碑）。これは現在もこの場所にある。『禁廷三宝庫誌』は唐碑亭について、概略次のように説明している。

この碑は旅順黄金山の北麓港口の東数百歩のところにあった。唐の玄宗皇帝開元二年（七一四年）に靺鞨《まつかつ》〔隋唐時代の中国東北部の民族〕の慰問使の鴻臚卿崔忻《さいきん》がここに井戸を掘り、そのそばにこの碑を建てて永く記年としたという。

この碑面には異なる時代の五つの碑文が刻まれており、第一の碑文は開元二年のもので、これは「我朝元明天皇の和銅七年に当り、今茲〔今年〕明治四十一年を距《へだて》ること実に一千一百九十五年なり」としている。

第二は明の世宗皇帝嘉靖十二年（一五三三年）に布政司〔行政担当の官僚〕の査応兆が記したもの。第三は清の高宗皇帝乾隆四年（一七三九年）の額洛図、第四は宣宗皇帝道光二十年（一八四〇年）に耆英が記したもの。第五の碑文は清国の光緒帝の乙未（一八九五、明治二十八年）に日清戦争の講和の際、ここに派遣された守備将・劉含芳が石亭を造り碑を覆った事由を説明したものだった。石亭の柱には「唐碑亭」と記されていた。

『禁廷三宝庫誌』の説明はここで終わっているが、この文には続きがある。そもそも『禁廷三宝庫誌』の唐碑亭に関する説明文は、一九〇八（明治四一）年四月付けで海軍大臣の斎藤実が記した「唐碑亭の記」をそのまま写したもので、その末尾にはこう記している。

写真25　建安府の本館東側「唐碑亭」に置かれていた「鴻臚井碑」（写真右端の石、宮内庁宮内公文書館蔵）

「明治三十七八年の役我軍旅順を占領し後此地に鎮守府を設けて防備を管せしめらる。乃《すなわ》ち此《この》唐碑亭を東京に搬移し今や宮城内（貼紙）「宮城内に搬移」「戦利品陳列場」に置かるるに至れるものなり」（酒寄雅志「「唐碑亭」、すなわち「鴻臚井の碑」をめぐって」）

ロシア軍から奪ったものではないので記念品としているが、旅順からロシア軍を駆逐した結果得た戦利品である。鴻臚井碑の碑文は八世紀に唐の皇帝が崔忻を派遣し、初代の渤《ぼっ》海《かい》王大祚《だいそ》栄《えい》を「渤海郡王」に封じたことを示しており、渤海国研究にとっては非常に重要な歴史資料とされている。

†建安府の付属施設

建安府本館関係の戦利品、記念品の探索から、回廊で西側に隣接する参考室（右翼陳列所）の「見学」に移ろう。『禁廷三宝庫誌』にはどういうわけか参考室内部の収蔵品について記述がない。仕方がないので、宮内公文書館所蔵の建安府の写真を見ながら、内部ツアーを試みたい。

まず参考室正面だ（写真26）。入り口は一つで、東向きである。本館と同様の重厚な唐破風屋根だ。この写真ではわかりにくいが、右側に本館への回廊が見える。写真27は参考室の西側、入り口の反対側の写真だ。参考室は東西に出っ張った建て増し旅館のような形をしている。

写真 26　建安府参考室（右翼陳列所）の正面（宮内庁宮内公文書館蔵）

写真28は参考室一階内部。この写真では細部がよくわからないが、拡大してみると様々なものが見える。中央にあるガラス張りの陳列台には戦没将兵の名簿があり、なかを開いて展示しているものもある。振天府の戦没者名簿は巻物形式だったが、建安府では冊子になっていたようだ。

このほか歩兵銃や兵士の装具などの記念品が見える。壁面上部には写真額がいくつか掛けられている。一つの額に名刺大ほどの写真が何枚もあり、多い額では二十数枚になる。先述した侍従武官長の拝観者向け説明文によると、一階に飾られていた写真は病死者のものだったらしい。そのほかの額は戦場の絵図らしきものだ。

写真右手には二階へ続く階段がある。赤絨

写真27　建安府参考室の西側側面（宮内庁宮内公文書館蔵）

毯らしきものが敷かれている。手すりも格子の意匠がほどこされた立派なものだ。

二階（写真29）は壁の上部に戦没者の写真額がずらりと並んでいる。一つの額に縦五、横六枚程度で三十数枚の写真が飾られている。日清戦争と比べて戦没者の数が格段に増えたため、振天府内の写真額よりもかなり多い。二階の写真は戦闘で死んだ「本当の戦死者」だ。

二階にも戦没者名簿を収納したガラスの陳列台がある。ガラス台の上には「第九師団」「第八師団」などの表札が見える。この写真を拡大すると名簿の体裁がよくわかる。名簿の冊子の表紙は美しい文様で装飾されており、一冊一冊がかなり分厚い。これらの名簿は

写真 28　建安府参考室一階内部（宮内庁宮内公文書館蔵）

写真 29　建安府参考室二階は壁の上部に戦没者の写真額がずらりと並ぶ（宮内庁宮内公文書館蔵）

写真30　建安府の砲舎（宮内庁宮内公文書館蔵）

約百冊あったという記録もある。二階には記念品らしきものはなく、戦没者の写真と名簿のみの空間だったようだ。

建安府には陸軍砲舎、参考砲舎があったが、現存していないため場所がはっきりわからない。宮内公文書館所蔵の写真の背景などから推測すると、本館の東側と参考室の南側に各砲舎があったとみられる（序章「図1　御府エリア図」参照）。

写真30は砲舎の外観だ。写真31はその内部で、大砲などが並んでいる。形から見て日本陸軍の野砲、速射砲とみられる。陸軍の砲が陳列されていることから、こちらが陸軍砲舎であろう。

写真32は別の砲舎の外観。大きさから、建安府本館東側に建っていたものだろう。内部

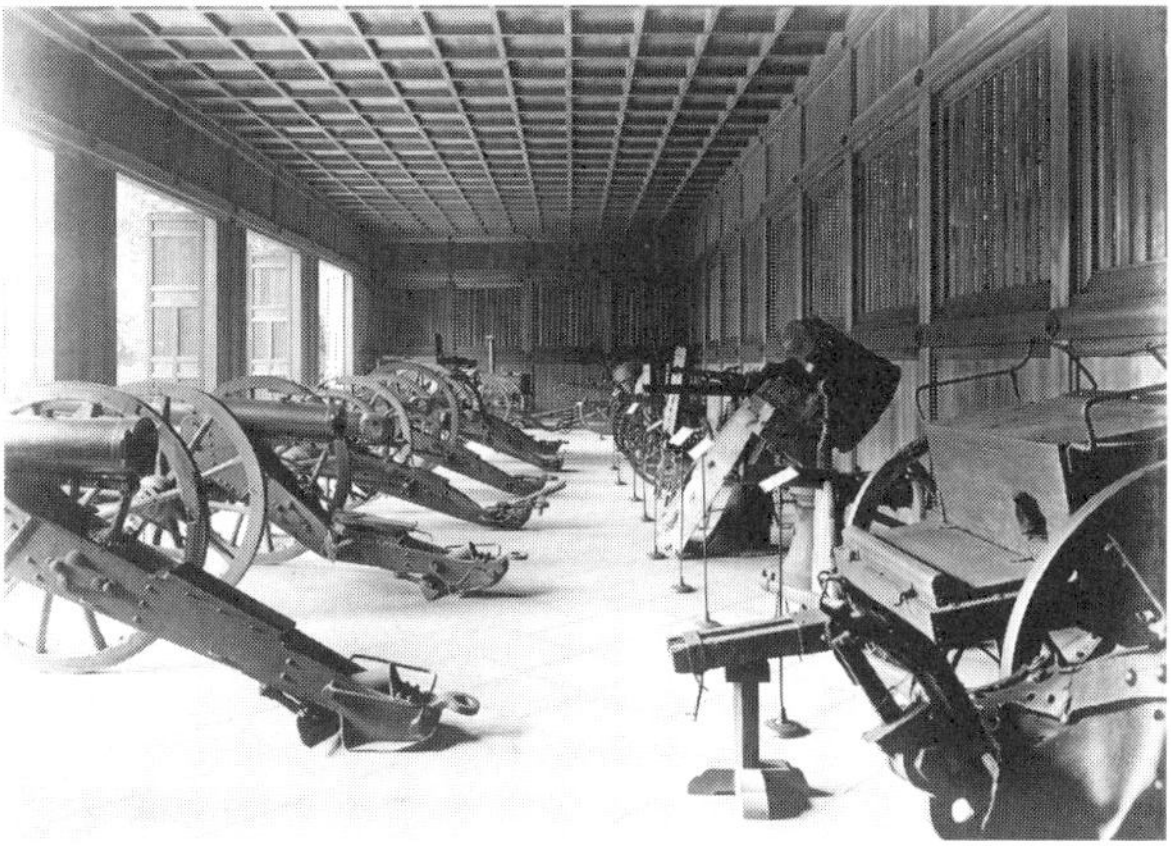

写真 31　砲舎の内部。日本陸軍の野砲、速射砲とみられる（宮内庁宮内公文書館蔵）

写真 32　写真 30 とは別の砲舎。建安府本館東側か（宮内庁宮内公文書館蔵）

写真33　砲舎の内部。この砲舎はロシアから奪った戦利品陳列場（宮内庁宮内公文書館蔵）

（写真33）に並んでいるのはロシアの魚雷発射管のようだ。写真を拡大すると立て看板に「露」「水雷」という文字がかすかに見える。写真奥にはロシアの野砲とみられるものも置かれている。さらに西洋画やロシア文字の衝立もある。この砲舎はロシアから奪った戦利品陳列場でもあった。

写真34は「建安府御休所」だ。場所は参考室の南東側。振天府との中間あたりにあったが、現存していない。昭和の戦時に第五の御府「顕忠府」を造営する際、この休所を取り壊してその場所にしたからだ。「図1　御府エリア図」の顕忠府の場所が、建安府の休所が建っていたところだ。

この休所には振天府休所の「四兵の花瓶」のような物語はまったくない。『禁廷

写真34　建安府御休所は参考室の南東側（宮内庁宮内公文書館蔵）

三宝庫誌』は休所に関して何も書いていない。休所についてはある事情で物語がなく、書きようがなかったとみられる。その理由は後述する。

建安府にはいろいろな付属施設があるのだが、他の御府にはないのが模型室（写真35）という建物だ。場所は参考室の北西側だが現存していない。ガラスの陳列台がいくつも並んでいて、写真を拡大してみると戦場のジオラマが収納されている（写真36）。

各ジオラマの場所を挙げると、旅順攻囲戦でロシアの砲台、堡塁があった二龍山、松樹山、東鶏冠山。旅順戦跡、遼東半島の南山戦跡、旅順口閉塞船位置などだ。

写真35　模型室は、建安府にしかない付属施設だった（宮内庁宮内公文書館蔵）

写真36　模型室内部。ガラスの陳列台に戦場のジオラマが収納されている（宮内庁宮内公文書館蔵）

†明治天皇と御府

建安府は付属建物の数、総面積、収蔵品の数ともに全御府のなかでは最大である。それほど日露戦争は日本人、皇室にとって強烈な体験であったということだろう。

しかし、これらの施設はだれに見せるために造られたのか。先に述べたように、建安府の拝観は一九一七（大正六）年まで許可されなかった。大臣や皇族、華族、議員、高級軍人などが特別に拝観を許されたことがあったかもしれないが、それに関する記録は見当たらない。

「当初は天皇、皇后だけが見学していたのだろう」と思われるかもしれない。しかし、そうではない。『禁廷三宝庫誌』には衝撃的な事実が書かれているのだ。

「天覧なく崩御被為在《あらせられ》たり」

明治天皇は建安府を訪れることなく亡くなったというのだ。天皇は懐遠府も一度も見なかった。記録上は振天府を一度見たきりである。明治期に造られた三つの御府のうち、二つには足を運ばなかったというのだ。建安府の休所に物語がなかったはずだ。

不可解なことだ。北清事変は戦争というよりは「小規模の戦闘」ということで、「懐遠府は天覧におよばず」ということになったのかもしれない（それでも戦没者に対しては理不尽な差別だが)。

しかし、日露戦争は国家の存亡をかけた、近代日本最大の危機であり、大量戦没者を出した大戦争だった。戦没者の追悼・顕彰はもっとも手厚かったはずであり、それを率先して行うのが天皇の役割だった。

実際、建安府の規模は振天府、懐遠府と比べて破格のものになった。なのに肝心の天皇がそこを訪れないとすれば、戦利品・記念品を展示する意味も、戦没将兵の写真・名簿を収蔵して追悼・顕彰する「皇恩のありがたさ」も色あせてしまうのではないか。

御府が兵士たちを皇軍として戦場で「消費」するための装置だとして批判的に叙述している大濱徹也『天皇の軍隊』でさえ、「まさに御府建立は、「頭首」として、「股肱の臣」への密着をしめしたものにほかならない。兵士は、軍人勅諭が説いたよびかけを、こうした天皇の行為をうかがうなかで聞くとき、強い一体感にとらわれもした。天皇は、これらの御府において、戦いに斃れた将兵を追体験するなかで、「頭首」たることの思いを深めたのであった」と、天皇が御府を頻繁に訪れて戦没兵士を深く悼んでいることを前提としている。

それが虚構だったのだ。御府造営、陳列された記念品や肖像写真、そこで語られる物語も、天皇の不在という事実を前にすると、あまりにもむなしすぎる。

とにかく建安府に関しては不可解なことが多い。前述したように、終戦から五年もたった一九一〇（明治四十三）年四月に完成したということや、新たに建物を造らず、懐遠府で代用させたこと（参考室などは増築しているが）も不自然だ。

明治天皇は一九一二（同四十五）年七月に死去している。建安府完成から二年以上経過している。病気や体調の問題ではないだろう。意図的に足を運ばなかったとしか思えない。日清戦争の際、明治天皇が「今回の戦争は朕素より不本意なり」と述べたとされる『明治天皇紀』の記述は有名である。日露戦争にも天皇は反対していた。

これは天皇が反戦・平和主義者であったということではない。つねに国家と国民の安寧を祈る天皇としては、戦争を避けたいという気持ちは当然のことだろう。また、敗戦となれば天皇家の存続も危うくなるのだから。

結果的に明治国家は戦争に三連勝した。植民地化の恐れもあった幕末から急速な近代化を果たした。日清戦争での三国干渉で受けた屈辱を臥薪嘗胆の努力ではね返し、ロシアに復讐を果たした。極東の貧国から世界の列強の仲間に入りつつあった。何もかもが奇跡的にうまく進んでいるように見えた。

国民は有頂天だった。しかし、一人天皇のみは割り切れないものを感じていたのかもしれない。夏目漱石が『三四郎』で日露戦争の勝利でのぼせ上がった日本人に対して「亡びるね」と冷水を浴びせたように、この国の将来に漠然とした不安を感じていたのか。まるで御府を忌避していたかのような事実に、そのような想像さえさせられる。

記録上、明治期には天皇だけではなく、皇族も建安府を訪れていない。しかし、明治天皇の死後、まるで呪縛が解けたように天皇、皇族、軍幹部の拝観が始まっている。『禁廷三宝庫誌』によると、一九一三（大正二）年四月十六日、大正天皇が初めて建安府を見学した。同日昼過ぎに自動車で同府に着いた天皇は、内部を見学後に休所で昼食をとり、午後は懐遠府を見学したという。

一九一六（同五）年十二月十六日には、皇后（貞明《ていめい》皇后）が裕仁《ひろひと》皇太子と雍仁《やすひと》、宣仁《のぶひと》親王とともに建安府を見学。同月二十三日にも兄弟三人で懐遠府を見学している。ただ、これ以降は皇族の拝観はなかったと記録されている。

翌一七（同六）年四月六日には天皇に陪食したあとに閑院宮載仁《ことひと》親王、伏見宮博恭《ひろやす》王、山県有朋・寺内正毅両元帥ほか、各師団長の拝観が許される。「爾後追々」拝観が許されるようになり、この年から建安府は「解禁」される。

二一（同十）年六月から建安府拝観者には「かぎりなき世にのこさむとくにの為たふれし人の名をぞとゞむる」など、御府について詠んだ明治天皇の御製五首を印刷したものが配られたという。

明治天皇には日露戦争の戦中戦後に「写真」と題する御製が二つある。

末とほくかゝげさせてむ国のため命をすてし人のすがたは

国のため命をすてしますらをの姿をつねにかゝげてぞみる

御府に飾られた戦没将校の肖像写真を詠んだものだ。記録にはないが、やはり明治天皇は頻繁に御府を訪れ、戦没者の遺影を見ていたのだろうか。しかし、宮内省の公式文書の『禁廷三宝庫誌』は、天皇が一度も建安府を訪れず、と断言している。その事実とこれらの御製のギャップを埋める資料は見つかっていない。

晩年の明治天皇には来し方を振り返り、自省に沈潜するような歌がいくつかある。日露戦から二年たった五十六歳のときの歌。

世の中をおもふたびにも思ふかなわがあやまちのありやいかにと

崩御した年には次のような歌を詠んだ。

思はざることのおこりて世の中は心のやすむ時なかりけり

明治天皇は人生の終盤、何か大きな鬱懐を抱えていたのだろうか。その塞いだ心が御府から足を遠ざけたのだろうか。

第三章

開放と崇敬の衰退——大正期の遠い戦争

†御府拝観者の激増

第一章で述べたが、一九一一（明治四十四）年十月二十一日付けで御府の拝観資格者範囲が通牒され、大正期以降、御府は外に開かれることになる。ただし、開放後数年間は拝観できるのは振天府のみだった。

当初、拝観者は親任官、勅任官と同待遇の者か、公侯伯子男の爵位者、貴衆両院議長・副議長、議員など特権階級に限られていた。ただ、御府の教育施設としての効果に期待し、特別に「卒業後将校、同相当官となるべき陸海軍生徒」「在郷軍人会員たる准士官以上の者」に拝観資格が与えられたことはすでに述べた。

明治天皇の崩御と喪のためか、通牒に基づいた御府拝観が始まるのは一九一三（大正二）年末からだ。『宮内省省報』の御府拝観記録を見ると、当初想定した拝観対象者よりも例外扱いだった「陸海軍生徒」など軍関係者がほとんどを占めるようになる。

一三年中に振天府拝観が許可されたのは計三日のみだった。最初の拝観記録には「十二月九日枢密顧問官子爵末松謙澄及陸軍騎兵大佐大橋豊之助以下二十四名」と記されている。末松は官僚、政治家であるとともに、外国小説の翻訳も手掛けた文学者という異能の人だった。拝観記録には著名な軍人、官僚の名が見うけられる。

このあとは同月十二日に海軍機関少佐以下三十三人、翌十三日に海軍大尉以下三十七人が拝観した。

翌一四（同三）年は四月四日に在郷軍人陸軍歩兵少佐ほか九十人。しばらく途絶えて、十月二十四日に熊本県の高等女学校の校長以下百人、同月三十一日に日本赤十字社北海道支部委員長ら約六十人が振天府を拝観した。赤十字社関係者の初の拝観で、以後、同社関係の拝観が頻繁に行われることになる。

この年は十二月に海軍関係の拝観が二件あった。一五（同四）年は四月から拝観が始まるが、海軍関係者の拝観が二件続いたあと、四月二十六日に意外な職種の人たちが振天府を訪れている。「種畜牧場技師湯地彦二外五十一名」が拝観したという。

御府は教育施設の性格も与えられていたので、幹部候補生の軍人や教育関係者が拝観していたことは当然と思えるが、こういった技術関係者も招かれていた。以後も鉄道や通信などの「技師」の拝観が少なからず見られる。国家に奉仕するという意味で、技術者にも滅私奉公の究極の姿である戦没者の物語を刷り込む必要があると考えられたのか。

一五年五月には拝観の画期ともいえる出来事があった。同月十九、二十日の両日、陸軍士官学校の生徒がそれぞれ約三百八十人ずつ拝観したのだ。それまでの一件の拝観人数は十数人から三十数人が平均で、多くても百人だった。これだけ大人数の拝観は初めてであった。

そして陸軍士官学校生徒の御府拝観の嚆矢でもあった。以後、昭和期にかけてほぼ毎年、陸軍士官学校の生徒が課外研修のように御府を訪れるようになる。

翌一六（大正五）年は夏期を除いて、一月から十二月までほぼ通年で拝観が実施された。初めてのことだった。四月十二日には「海軍大佐百武三郎外六十五名」が拝観した。百武はのちの海軍大将、昭和天皇の侍従長を務めることになる。

同月二十五日には検事六十三人が拝観している。判事など法曹関係者も拝観の「常連」となっていく。また、五月二十四日に「愛国婦人会職員井上鼎子外十六名」との記録もある。愛国婦人会の拝観は前年六月七日が初めてで、一六年以降ほぼ毎年一回、五月に拝観するようになる。ただ、なぜか昭和六年以降は拝観記録が見られなくなる。

前章の最後で述べたが、一九一七（大正六）年四月六日に閑院宮載仁《ことひと》親王、伏見宮博恭王と山県有朋らが初めて建安府の拝観を許された。十二月二十六日には、やはり皇族の朝香宮鳩彦《やすひこ》王、東久邇宮稔彦《なるひこ》王と陸軍大将らが同府を拝観しており、この年が建安府の拝観解禁であった。翌一八（同七）年から一般にも拝観が許可されるようになり、同年五月十四日付けで拝観許可の規定が設けられた。

拝観の資格者範囲は振天府の場合に準じ、拝観許可日は毎週木曜日に限定された。ただし、皇居内で天皇が行う儀式がある場合と暑中休暇中は除かれた。

拝観できる人員は一件につき三十名とされた。振天府には陸軍士官学校生徒ら三百人以上が拝観しているのに、この制限の理由はよくわからない。また、建安府を拝観した者が同じ日に振天府を拝観することは許可しないことになった。「はしご見学」を許すと御府のありがたみが薄れるということか。

建安府拝観が解禁されたことで、一八年からの総拝観件数（拝観は団体申し込みのみ。一団体を一件と積算）は前年の倍以上にはね上がる（「表1　御府拝観件数」表参照）。

建安府拝観が二十件で、十九件の振天府を上回っている。年間計三十九件となり、大正

表1　御府拝観件数

西暦	年号	振天府	建安府	惇明府	懐遠府	顕忠府	総拝観件数
1913	大正2	3					3
1914	大正3	5					5
1915	大正4	4					4
1916	大正5	14					14
1917	大正6	16	2				18
1918	大正7	19	20				39
1919	大正8	12	16				28
1920	大正9	11	18				29
1921	大正10	12	13				25
1922	大正11	10	8				18
1923	大正12	4	6				10
1924	大正13	6					6
1925	大正14	13	4				17
1926	大正15	12	8	1			21
1927	昭和2	8	8	13			29
1928	昭和3	12	5	16			33
1929	昭和4	19	5	3			27
1930	昭和5	7	4	2			13
1931	昭和6	9	5	6			20
1932	昭和7	10	5	1	5		21
1933	昭和8	11	13	1	6		31
1934	昭和9	12	13	1	3		29
1935	昭和10	15	8		4		27
1936	昭和11	13	6		3		22
1937	昭和12	9	5	1	1	28	44
1938	昭和13	5				25	30
1939	昭和14	9				18	27
1940	昭和15	12	2		1	19	34
1941	昭和16	10	16				26
1942	昭和17	18	12		2	7	39
1943	昭和18	9	2		1	17	29
1944	昭和19	8	1		1	5	15
合計		337	205	45	27	119	733

宮内省省報、侍従武官の日記などをもとに著者作成（1945年の記録はない）

期では拝観がもっとも多い年となった。

拝観した「団体」をざっと挙げると陸海軍の軍人・士官学校などの生徒、貴衆議員、官僚、技師、赤十字関係、愛国婦人会、東京市議会議員、商船学校生徒、東京帝大教授、内閣と総理大臣秘書官などだ。

一九二二（大正十）年までの四年間で年間の御府拝観件数は平均三十件近くに上り、建安府が拝観の主役になる。

ただ、これだけ拝観件数が増えたにもかかわらず、この時期の拝観記が見あたらない。人々はどのような気持ちで御府を見たのか。明治期とは違った感慨があったのか。そこが知りたいところなのだが。

†四竈孝輔『侍従武官日記』のなかの御府

拝観記ほど見学者の心のひだを知ることはできないが、当時の拝観の様子がわかる資料がある。それは拝観者を迎え、御府の物語を語る側の記録だ。御府を管理、案内していた侍従武官の日記を丹念に読んでいくと、御府拝観に関する事柄が出てくる。

大正天皇の侍従武官だった四竈孝輔《しかまこうすけ》の『侍従武官日記』には頻繁に御府が登場する。海軍軍人の四竈は一九一七（大正六）年二月二十一日に侍従武官に着任した。三月二十二日、さっそく御府を見学する。

「午前八時半出勤。十時出御の上拝謁をすまし、渡辺武官と共に予《あらかじ》め振天府を拝観す。振天府掛淵川内舎人《うどねり》の案内を受く」

そして、この日午後零時半から練習艦隊司令官以下少尉候補生六十六人が振天府を拝観した。「内山武官長の説明及び渡辺武官と我れと分担説明を承はれり」と、もう説明役をこなしている。

「午前中に自ら説明を聴き、午後は他にこれを説明す。また速成なる哉《かな》。午後一時四十五分拝観終了」

こんな付け焼き刃の説明でいいのかとも思うが、前章で紹介したように御府の物語を説明するアンチョコのようなものがあったのかもしれない。

四竈の日記には拝観者の態度が明治期のような「感動」「感涙」から変化していたことをうかがわせる記述がある。同年五月四日の条だ。

「午後一時より振天府拝観差許されたる赤十字社員の有資格者の説明の任を承はる。拝観者七十二名何時もながら礼儀正しからざるもの、拝観の真意を解せず、普通の参考館見物位の事に思ひ居る連中などあるは、秩序なき団体としても尚ほ精神教育の普及せざるを悲しましむるものなしとせず」

赤十字の社員たちがどう礼儀正しくなかったのかはわからない。軍関係者と違って統制のとれていない拝観態度が四竈には腹立たしかったのか。それとも、日露戦争から十数年が経過したこともあり、拝観者に戦没者を悼み、崇敬する気持ちが薄れていると感じたのだろうか。

ただ、三日後の同月七日にはまったく逆の態度の拝観者に接し、四竈は留飲を下げている。

「午後一時より尾藤武官と共に振天府の説明を承はり、愛国婦人会員の拝観者を案内す。拝観者は計十三名、北陸の女傑として名ある宮のさ子刀自《とじ》〔女性に敬意を表す語〕を始めとして地方県知事夫人或は郡長たり。前回の赤十字社員の場合と全く趣きを異にし、礼節を重んじ拝観、一々天恩の厚きに感泣するを認むるは心地よし」

真面目な拝観の態度と涙は女性ゆえだったのかもしれない。

御府に敬意を払わず、四竈を憤慨させる人間は赤十字社員のほかにもいた。一九二一（大正十）年三月二十八日の出来事だった。この日午後、貴衆両議員百三十四人の願い出に対して振天府の拝観が許された。武官長が風邪のため、四竈が一人で案内、説明を行った。

「例により不参者多数にて、百三十四名の願出に対し欠席者四十一名を算す。一部の人士は非常に熱心説明を聞くありといへども、他の一部は振天府拝観の何ものたるを解せざる輩なきにあらず。兎も角不真面目分子の混じ居るには聊《いささ》か閉口なり」

拝観を申請しておきながら、三分の一近くがドタキャンしたという。「例により」とあるので、こういうことがよくあったのだろう。四竈はさかんに「御府拝観の意義を理解していない」と腹を立てているが、一般国民と軍人とでは御府への感情移入に大きな差があったともいえる。

†第一次世界大戦とシベリア出兵

大正の初期、政府の財政は日露戦争での外債の重圧と不況による税収の落ち込みで破産寸前だった。戦勝による高揚はいっときのもので、国民は平和と経済的な安定を求めていた。

戦争が終わったのだから、軍の態勢は戦時から平時に移るべきであった。「金食い虫」の軍に予算を投入するのではなく、民力の休養と涵養が叫ばれていた。軍への崇敬心が薄れ、ともすれば「やっかい者」扱いされたのが大正という時代だった。

だが、軍には追い風もあった。一九一四（大正三）年の夏に勃発した第一次世界大戦だ。六月にオーストリア＝ハンガリー帝国内のボスニアの都市サラエボで、皇太子夫妻がセルビア民族主義者に暗殺された。七月、オーストリアはセルビアに宣戦布告。オーストリア、ドイツ、イタリアの三国同盟側とイギリス、ロシア、フランスの三国協商側の大戦争へと発展する。

戦争は四年以上も続き、三千万人以上が死傷する人類史上未曾有の惨劇となる。この大戦は戦争の概念を大きく変えた。兵器の近代化による大量殺戮が可能になり、従来の戦争とは比較にならないほどの人命が消耗された。また、軍備だけではなく経済やナショナリズムといった国家の総合的な力で敵を殲滅する総力戦の時代の到来でもあった。

対岸の火事だったにもかかわらず、日本はこの大戦に参戦する。名目上は日英同盟により、中国・山東半島の青島《チンタオ》にある敵国ドイツの海軍基地を封鎖し、ドイツ艦隊を駆逐することだった。しかし、本心は違った。

元老・井上馨《かおる》が「大正新時代の天祐」と叫んだように、欧州での大戦の合間にアジアでの利権の拡大が日本の狙いだった。同年八月二十三日、日本はドイツに宣戦を布告する。九月初旬、日本陸軍は山東に約二万九千人を派兵。少数のイギリス軍とともにドイツの青島要塞を攻撃し、十一月初めに降伏させる。日本は山東半島を占領し、ドイツが敷設した膠済《こうさい》鉄道を管理下に置いた。

また、海軍も九月からドイツ領の南洋群島（サイパン、パラオなど）に艦隊を派遣。一カ月ほどで全域を占領した。日本の参戦は事実上、東アジアと太平洋地域のドイツ植民地の強奪であった。

また、一九一七（大正六）年二月、イギリスの要請で地中海に第二特務艦隊を派遣し、ドイツのUボートの攻撃から連合国側の船舶を護衛した。

欧州列強が凄惨な殺戮戦を繰り広げている「鬼の居ぬ間」に、さらに中国での権益を広げようと、日本は一五（同四）年に悪名高い二十一カ条要求を中国の袁世凱政権に突きつける。これがイギリスの不信を招き、日英同盟破棄の原因となる。また、アメリカの警戒心も誘発し、太平洋で敵対的な関係となっていく。

ただ、大戦のおかげで不況は好況に転じた。戦争のため欧州各国の工業製品の供給が途絶え、日本製品の需要が相対的に増えた。中国、アジア市場に日本製品が大量に進出、連合国からの軍需品の注文など特需に日本国内は沸いた。そのため「成金」が続々と登場する。

一九一八年十一月にドイツの帝政が崩壊、戦争は終わった。翌一九年一月からパリ講和会議が開かれ、日本は戦勝五大国として参加。ヴェルサイユ条約が調印され、日本はドイツの植民地と権益をわがものとすることを承認された。

日本は第一次大戦への参戦で、少ない犠牲で多くの利益を得た。長い目で見れば一時的なものであり、のちに深刻な禍根を残すことになるのだが、明治の戦争に引き続き「戦争は国益」という定理はゆるがなかった。

ただし、この大戦で日本は「別の戦争」にも参戦している。その戦争は結局何ら利益をもたらさず、苦い記憶だけを残すことになる。シベリア出兵である。

ロシアでは長引く大戦で国内が疲弊し、皇帝への批判が高まった。一九一七年三月、首都ペトログラードで革命（二月革命）が起き、ニコライ二世は退位させられた。しかし、次期政権も戦争を継続したため、労働者と農民の不満と厭戦気分はおさまらず、十一月にボリシェビキ勢力が武装蜂起して十月革命を成功させ、世界初の社会主義政権・ソビエト連邦が誕生した。

だが、ソビエト政権はロシア全域を掌握するにいたらず、シベリアや南部ロシアには反革命の勢力が割拠していた。世界への革命の波及を恐れた欧米各国は反革命勢力を援助することで革命への干渉を始める。そして日本も「参戦」を求められた。

日本陸軍内にはこれを機に反革命派のロシア人の自治国家をシベリアに作り、資源開発で利益を得ようという考えがあった。シベリアに傀儡国家を樹立する「ロシア版満州国」計画だった。

一九一八年六月、チェコスロバキア兵救出問題が起きる。オーストリアからの独立を目指したチェコとスロバキアの軍がロシアの支援を受けて大戦に参加していたが、革命後はソビエト政権と対立してロシア国内にとどまっていた。彼らをシベリア鉄道経由でウラジオストックから海路救助しようということになった。

当初、日本国内ではシベリアへの出兵に反対論があったが、アメリカが救出作戦に参加することになり、共同出兵という形で実現することになる。同年中に派兵された日本軍は約七万二千人。連合国側はアメリカ約九千人、イギリス約七千人、イタリア約千四百人、フランス約千三百人、中国約二千人であり、日本が突出していた。

日本軍はロシア農民、労働者を主力とするパルチザンと激しい戦闘を行い、ロシア側の戦死傷者は八万人に上ったという。戦闘よりも兵士たちを悩ませたのはマイナス四十度以下にもなる極寒の環境だった。多くの兵士が凍傷に苦しんだ。冬は井戸水が凍るため、水不足が深刻で、野菜、肉などの新鮮な食料も不足した。

アメリカなど各国は一九二〇年までに軍を引き揚げたが、日本は単独で出兵を続けた。同年三月、アムール川の河口の町ニコラエフスクでパルチザンに包囲された日本軍と在留邦人約七百三十人が惨殺される事件（尼港《にこう》事件）が起き、国内世論が沸騰するとともに、日本の大陸での活動に禍根を残すことになる。そして、日本は国際的な孤立を深めるなか、二二（大正十一）年に撤退した。

日本軍の戦死傷者は約三千三百人。民間人も含めると五千人を超えるともいわれている。費やされた軍事費は七億円超（九億円との説も）。「なに一つ国家に利益をも齎《もたら》すことのなかった外交上まれにみる失政の歴史である」（のちの首相・加藤高明）ともいわれている。

†第四の御府「惇明府」の造営

明治の輝かしい戦勝と比べると、歴史から消し去りたい、忘れたい戦争であった。ただ、多くの人命が失われたまぎれもない戦争である。そして、シベリア出兵は「エビでタイを釣った」ように中国、南洋で「植民地」を獲た第一次大戦の延長線上にある。この戦争の戦没者は国家として慰霊・顕彰しなければならなかった。

ゆえに大正期唯一の、第四の御府「惇明府《じゅんめいふ》」が造営されることになった。

ところが、この惇明府が公式記録の『大正天皇実録』にまったく登場しない。明治の御府についての資料『禁廷三宝庫誌』には「附」として惇明府についての記述も若干あるのだが、なぜか造営の年月日など基礎的な事実については何も書かれていない。

筆者が調べた限り、惇明府の造営時期ついて具体的に書かれている資料は、藤樫準二『皇室大観』だけだった。同書には「大正六年（一九一七）六月に着工して、大正七年五月に落成したのである」とある。

五月二十三日の四竈孝輔の日記には「午後一時より、海軍軍医十七名及び文部省地方視学官二十二名に振天府拝観差許されたるにつき、武官長と共に右説明を承り、終って建安府の後方に新築せられたる青嶋戦紀念館（未だ命名せられず）を検分す」とあり、このころには完成していたのだろう。

この時点ではシベリア出兵は行われていないので、惇明府は第一次大戦でドイツの青島要塞を攻略した記念府とされていた。

命名は落成翌月の六月七日だった。扁額は東伏見宮依仁《よりひと》親王の筆で、裏面には惇明府記が記載された。書いたのはやはり股野琢であった。

惇明府記には青島戦において日本軍は日英同盟の信義によって奮戦したということが記された。命名の由来は「惇信明義」（信を惇《あつ》くして、義を明らかにする）であるとしている。これは『尚書』武成篇にある言葉だ。

『皇室大観』には「大正三年乃至九年戦役」の戦没者人員表が載っている。宮内省の御府関連記録をもとにしたものとみられる。「大正三年乃至九年戦役」とは、中国や太平洋でのドイツ軍との戦いとシベリア出兵を総称したいい方だ（実際のシベリア出兵は一九二二〈大正十一〉年まで続いた）。『皇室大観』はドイツとの戦争を記念して造営された惇明府にシベリア出兵の記念品が追加で収蔵されたと記している。惇明府は「無益」に終わった戦

写真37　惇明府の入り口（宮内庁宮内公文書館蔵）

争を記念する初めての御府になったのだ。

陸軍の戦死者は二千百七十三人、病死者は千八百五十八人。総計で四千三十一人に上る。海軍は戦死三百十六人、病死百二十六人で、計四百四十二人。日独戦での戦死者は四百人超に過ぎなかったから、ほとんどはシベリアでの戦没者だ。

惇明府の構造

惇明府は建安府参考室の北西側に建てられた。建坪は約百十四坪で、昭和期に造られる顕忠府を含めて一つの建物としては各御府のなかでは最大だ。約五十二坪の砲舎も併設されていたらしいが、現存していない。

写真37は惇明府の入り口で、北東側に向いていた。写真38は屋根の写真。御府の屋根を

写真 38　惇明府。御府の屋根を撮った写真は珍しい（宮内庁宮内公文書館蔵）

写真 39　写真正面が惇明府。右端に見える建物は砲舎かもしれない（宮内庁宮内公文書館蔵）

写真40　惇明府の内部。奥の壁に「惇明府」の額が見える（宮内庁宮内公文書館蔵）

撮った写真は珍しい。写真39は惇明府を北西側から撮影したとみられる写真で、右手に別の建物が見える。これが砲舎なのかもしれない。

写真40は内部の写真だ。奥の壁に「惇明府」の額が見える。手前の梁に長方形の額がある。戦場の写真もしくは風景画だろうか。床には縦長の絨毯が敷かれており、ガラスの陳列台がたくさん置かれている。歩兵銃や砲弾など「定番」の物品が展示されているが、他の御府と比べると整然と配列されている感じがする。この写真では見づらいが、左奥の壁には戦没者の写真額が掛けられている。

写真41は写真40の内部写真を左側から撮影した写真。ガラス陳列台には戦没者の名

写真41　写真40を左側から撮影。ガラス陳列台には戦没者の名簿が納められている（宮内庁宮内公文書館蔵）

簿が納められている。軍服らしきものを展示した陳列ケースもある。

『禁廷三宝庫誌』は「独軍を破り鹵獲献上の兵器を陳列せしめらる他二府に比し兵器の進歩を窺ひ大戦の惨害を見るに補ふ処少からず」と記している。

写真42はその進歩した兵器だ。惇明府の別の一室か砲舎内部とみられる。一度に多くの兵士をなぎ倒すことが可能な機関銃が並べられている。兵器類としては野砲、榴弾、散弾、拳銃などが展示されていたらしい。

『禁廷三宝庫誌』にも惇明府の戦利品についての記述があるが、振天府や建安府に比べると数は少なく、「感涙の物語」もない。

たとえば「カヒゼルの肖像」というもの

写真42　惇明府の一室か砲舎内部。"進歩した兵器"が並べられている（宮内庁宮内公文書館蔵）

がある。一九一四（大正三）年九月十九日、青島攻略戦で柳樹台という地の北方岩山で日本軍はドイツ軍を撃退した。ドイツ軍は施設を焼き払って撤退したが、焼け残った室内にドイツ皇帝の肖像（写真なのか、絵なのかはわからず）があった。それだけの話だ。

このほか青島のドイツ総督官邸内にあったカレンダーという戦利品としては情けないようなものもある。

海軍側の戦利品も武勇伝とはほど遠いものだ。「金属製宝石入置物」とされるものは、ドイツの巡洋艦ニュルンベルヒが植民地だったポナペ島に陸揚げして置いてあったものだ。第一次大戦に参戦して間もなく、ドイツ領南洋群島に派遣された第一南遣枝隊が同島を占領した際に鹵獲したという。ドイツ艦隊は日本艦隊と戦わずしてインド洋方面に退避していたので、南洋各島はすべて無血占領だった。ドイツ軍が捨て置いたものを持ってきたというだけである。

同じようにポナペ島に残されていた人物置物も戦利品リストにある。これはナポレオン戦争のさなかの一八〇七年、コルベルヒ市でフランス軍に包囲された際、グナイゼナウ少佐（プロイセン参謀本部の創始者）が奮戦し、包囲を解かせたことをたたえた像だったらしい。

戦利品のほか、日本軍側の記念品である参考品には三八式歩兵銃、銃剣、外套、軍衣、野砲、軍帽、双眼鏡、飯盒などがあったが、日露戦争当時と代わり映えのしない品々だ。唯一異なるのは「飛行機模型（原型五分の一）」が含まれていたことか。大戦では飛行機が初登場したが、日本軍の戦いで活躍したとはいえない。

『禁廷三宝庫誌』の惇明府の項には一つだけ武勲記が掲載されている。歩兵第四十六連隊第四中隊長の佐藤嘉平次陸軍歩兵少佐の手記だ。

佐藤少佐は「部下を愛するの念深く、其《その》功績を湮滅《いんめつ》せしめざる為《ため》常に手録して之を収蔵」していた。しかし、一九一四年九月二十七日、巫山を夜襲した際に敵の弾丸が胸に当たり戦死。「手記は其鮮血に染みたるものなり」という。

痛ましいが、感涙というほどではない逸話だ。惇明府は「忘れられた御府」懐遠府よりも物語が少ない。

『禁廷三宝庫誌』はシベリアでの戦役がすでに終了している一九二五（大正十四）年に編修されているにもかかわらず、シベリア出兵に関する戦利品、記念品、戦没者の写真、忠勇伝など、御府おきまりの記述がない。「シベリア」という言葉さえ登場しない。先述した戦没者人員表に見るように、惇明府が慰霊・顕彰する死者の九割以上がシベリア出兵によるものなのに、ドイツとの戦争（戦勝）のみを記念する御府であるかのようだ。

惇明府が完成したころはシベリアに出兵したばかりで、戦利品などがないのはあたりまえだ。しかし、出兵が終了してかなりの時期を経ても、惇明府のシベリア出兵に関連する戦利品や兵士の物語について書かれた資料が見あたらない。

一九三八（昭和十三）年に刊行された『増補　皇室事典』は「日独戦役並にシベリア出兵事件関係の記念府」と書かれているのに、中身は対独戦のことしか触れていない。

シベリア出兵は失敗に終わった戦役であるため、後世の子々孫々に伝えるべきものではないとみなされたのだろうか。しかし、三千人以上の戦死傷者を出した事実は隠しようもない。戦没者遺族や軍人たちの感情もある。他の戦役と同様に御府での慰霊・顕彰はしなければならなかった。

第一次大戦関連とはいえ、対独戦とシベリアでの戦いは別の戦争だ。シベリア戦役で新たな御府を造るには、あまりにも戦果がなさすぎた。ゆえに、対独戦戦勝記念の惇明府に吸収させる形にしたのだろう。

慰霊・顕彰のためシベリア戦役戦没者の肖像写真と名簿が追加されたのは間違いないとみられるが、はたして戦利品、記念品まで収蔵されていたのかどうか。

†建安府と懐遠府を頻繁に訪れた大正天皇

大正天皇（共同通信社）

大正天皇が初めて惇明府を訪れたのは、竣工から二年以上過ぎた一九二〇（大正九）年十月二十三日だった。そして三日後の二十六日にも「行幸天覧あらせらる」（宮内省大臣官房総務課『拝観録』）と記録されている。四竈孝輔の日記にはなぜかこの両日の天覧の記述がない。

前述したが、惇明府が完成した一八（同七）年は御府（振天府、建安府）拝観件数が三十九件と大正期でもっとも多く、その後の三年間も年三十件近くに及び、「拝観ラッシュ」ともいえる時期だった。また、これまで拝観不可だった懐遠府も一八年十二月六日には皇族、元帥、大将などに拝観が許されているであるのに、天皇が完成から二年以上も惇明府に足を運ばなかったのは不可解だ。

大正天皇は明治天皇が記録上、生涯一度しか御府（振天府）を見なかったのに対して、頻繁に御府を訪れている。前章で触れたが即位翌年の一九一三（大正二）年四月十六日に建安府と懐遠府を見学した。その後しばらく天覧の記録はないが、一八（同七）年十月二十三日の四竈の日記は次のように記している。

「例により午後二時三十分より四時十五分まで吹上御苑内其の他の御運動あり。御帰路振天府及び建安府構内御巡遊あらせらる。屋内に入らせらるゝの準備なかりしにより、其の外部より御備付品其の他に関し大体の御説明申し上げ――」

天皇は即位間もない大正三、四年ごろから健康を害し、同七、八年ごろには歩行困難、言語障害、記憶力の衰退などの症状が顕著だったという。八年末からは公式の場への出席を見合わせるようになり、日光などの御用邸で静養することが多くなった。翌九年には摂政の設置が検討され始めた。

大正七年ごろは天皇の健康はかなり悪化していたはずだが、四竈の日記を読むと、よく吹上御苑内を散策していたようだ。散歩程度なら可能だったのだろう。あるいは一種のリハビリだったのか。

散策の途中に御府エリアに寄ったものの、天皇を迎え入れる準備ができていなかったため、御府の外観を見ただけでなかには入らなかった。四竈は「予め開館し置き内部をも天覧願ひ奉りたきものなり」と、天皇の散策時は途中で御府に寄ることもありうるので、開館準備をしておくべきだと苦言を書いている。

繰り返していうが、解せないのは吹上御苑内をたびたび散策し、建安府や振天府がある御府のエリアまで足を延ばしていたのに、惇明府に行かなかったのはどうしてかということだ。この散策の時期（一八年十月）から五カ月ほど前に惇明府は完成していた。

それがこのあと二年も惇明府を訪れていない。記録漏れも疑って各種資料を調べたが、初天覧とされる一九二〇（大正九）年十月二十三日以前に惇明府を訪れた記録は見つからなかった。

そもそも天皇の御府見学は管理する侍従武官府にとって最重要事項であるから、書き漏らすことはありえない。天皇と御府の「距離感」はどうもよくわからない。

†戦争の記念庫から慰霊・顕彰施設へ

惇明府の天覧記録を調べていて気がついたのは、初天覧の日と四竈の日記にある天皇が散策の途中に振天府、建安府を見学した日がともに十月二十三日であることだ。これは偶然だろうか。

靖国神社では最も重要な祭事として春と秋に例大祭《れいたいさい》が行われる。秋の例大祭がこの時期にあたっているのだ。一三八頁に引用した、先の日記の条で四竈は天皇が振天府、建安府を見学したことのあとに、次のような文を続けている。

「なお靖国祭の当日に於て特に両府内に玉歩を運ばせられたる聖旨の存する所、死者の霊魂も定めし感激し居るならんと拝察し奉ると言上せしに、陛下にも特に御満足に思召され御有様を拝し得て、有難かりける次第なり」

天皇が散策途中に御府に立ち寄ったのは、靖国神社で例大祭が行われていることを意識したものだったのだ。

靖国神社では例大祭と同時期に戦没者を合祀する臨時大祭が行われていた。天皇は靖国に行幸し、戦没者を追悼する。靖国神社にとって最大のイベントである。

ただ、明治、大正期の臨時大祭は春のみだった。戦没者が急増する昭和期の日中戦争以降に春秋で臨時大祭が行われるようになる。

大正期は日清、日露戦争のような大量の戦死者が出ていないため、臨時大祭も毎年行われていたわけではない。しかし、春秋の例大祭の時期には戦没者に思いを致すのが天皇としての務めであったのだろう。

とすると、この御府訪問は秋には行われない靖国神社行幸の代わりであった可能性がある。そう考えると、天皇は完成後二年以上たってから惇明府を訪れた理由が見えてくるような気がする。

天皇が惇明府を初めて訪れたのは「大正三年乃至九年戦役」がひと区切りした一九二〇(大正九)年である。この年の春(四月二十九日)、靖国神社では臨時大祭が行われ、戦没者が合祀された。天皇が行幸せず、閑院宮載仁親王が名代で参拝した。病気の進行もあって、大正天皇は在位期間中、靖国神社には二回しか行幸していない。

この年の十月二十三日が惇明府の初天覧となったのは、対独戦の戦没者が靖国神社に合祀し終わるのを待っていたからではないだろうか(シベリア戦役は続いていたが)。春の臨時大祭に行幸できなかった天皇は、秋には体調が良かったのか、その代替行為として惇明府に「参拝」したのではないだろうか。

健康状態が優れず、靖国神社の重要な祭事に毎回行幸できない大正天皇ゆえの特異な行為だったのかもしれないが、御府が靖国神社の代替施設、「皇居の靖国」としての機能を実質的に備え始めていたといえるかもしれない。戦争の記念庫から慰霊・顕彰施設へ。御府の性格転換である。

四竈の日記には時期は三年下るが、一九二三（大正十二）年五月二十九日にも「午前振天府及び建安府等御逍遥に扈従《こじゅう》（付き従うこと）」という記述がある。シベリア戦役が終了した翌年だ。この年、靖国神社では戦没者合祀の臨時大祭は行われておらず、天皇の御府エリア散策の時期も春の例大祭（四月）とはズレている。

ただ、そこに追悼の意味はなかっただろうか。「振天府及び建安府等」の「等」に惇明府が含まれていたのか。「逍遥」だけで内部を見なかったのはなぜか。四竈は日記で、この日の午後は「吹上御苑御運動扈従常の如し」と書いている。健康状態ゆえに御府内部を見ることができなかったとは考えられない。やはり天皇と御府の関係は何かぎこちなく、よくわからないことが多い。

話はさかのぼるが、惇明府初天覧の三日後の一九二〇（大正九）年十月二十六日午後、皇太子裕仁親王が皇后とともに惇明府を初めて見学している（この日は天皇も惇明府を訪れたことになっているが、時間帯はわからない）。

「〔午後〕二時三十分より皇后に扈従され惇明府にお成りになり、侍従武官長内山小二郎の説明にて、日独戦役関係の戦没者名簿・写真・戦利品等の陳列を御覧になる」(『昭和天皇実録』)

シベリア関係の記述は出てこない。このあと惇明府は事実上「開かずの御府」となる。これ以降の大正期の拝観記録は同じ年の十二月七日に宮内高等官百三十人に初の拝観許可(宮内省大臣官房総務課『拝観録』)と一九二六(大正十五)年十月二十七日に「海軍大将〔伏見宮〕博恭王殿下以下海軍将官、宮内高等官等三十八名」の二例のみだ。

これに対して振天府、建安府は大正中期には、ほとんどが軍関係者だが年三十件近くも拝観が許可されていたことは先に述べた。華々しい勝利の御府は大いに開かれていたわけだ。大正後半期になると新たな拝観の規定が定められる。

一九二二(大正十一)年九月二十一日付けで建安府の拝観規定が改定された。毎週木曜を拝観日とすることは変わらないが、時間は午前十時からとされた。拝観できる期間は二月一日—六月三十日、九月二十日—十二月十日。

一度の拝観人員は「当分毎回六十名を目途」と倍になったが、「内三十名は陸海軍(内陸軍二十名、海軍十名)とし文官其他を三十名とす」(『海軍制度沿革』)と細かく決められた。この規定は振天府拝観にも準用される。同じ日に振天府、建安府両方を拝観できないことはそのままであった。

さらに同年十一月十五日付けで振天府と建安府の拝観は一人一回のみと通知される。御府の拝観は生涯一度きりで、振天府と建安府の両方を見ることはできなくなったのだ。あまり多くの件数を受け入れると侍従武官府で対応しきれないためか。それとも「不真面目分子」が多いことによる制限か。

しかし、このルールは厳格なものではなかった。一九二五（大正十四）年の『宮内省省報』には「貴族院議員御木本幸吉以下十一名」が三月二十三日に振天府、二十四日に建安府を拝観したことが記録されている。真珠王・御木本は二日連続で振天府、建安府を見学していた。

ほかにも衆議院議員約五十人が同様に振天府、建安府を連日拝観した記録がある。議員ゆえの特権だったのだろうか。

一九二四（大正十三）年になると、拝観者の資格を新たな方面に広げようという検討がなされる。大正後期から昭和初期に侍従武官長を務めた奈良武次《たけじ》の日記の同年五月二日の条に次のようなことが書かれている。

「振天府拝観許可範囲並に手続問題等に付き川岸武官に意向を示し且つ事務を処理」（『侍従武官長奈良武次日記・回顧録』）

これだけでは何のことかわからないが、『拝観録』と付き合わせると、奈良が拝観者の範囲についてどのような意向を示していたかがわかる。『拝観録』によると、この五日後の五月七日に宮内省の官房、侍従職、侍従武官府の主任者の会議があり、「戦病死者の遺族」と「教育者中、中小学校長」に御府拝観を許可してはどうかという意見があったという。おそらく奈良から出た意見だろう。

†国民を束ねる「物語」が失われた大正期

日露戦争の栄光から二十年近くを経ていた。若者の多くは「戦争を知らない子どもたち」であった。国民が一丸となった戦争体験は過去のものだった。その後の対独戦は勝利であったものの、規模はあまりにも小さい。シベリア出兵は勝利と熱狂とはほど遠い無益な戦争であった。

明治末以降、資本主義の発達とともに、農村から都市へと人口移動が起こり、都市労働者が急激に増えた。「ムラ」のしがらみから離れた人々には個人主義と権利意識が芽生え、大正デモクラシーの潮流を生んだ。国民と国家、天皇との紐帯《ちゅうたい》を戦争という「イベント」と「物語」で強化、増幅していける時代ではなくなっていた。

惇明府の戦利品と記録で明らかなように、大正期は国家が国民を束ねるための「物語」が失われた時代だった。

何よりも大きかったのは天皇の不在だろう。大正天皇は即位数年後から健康状態が悪化し、一九一八（大正七）年ごろから事実上公務をこなせない状態になった。そして二（同十）年十一月に皇太子・裕仁親王が摂政に就任、天皇は引退してしまった。摂政はあくまで天皇の代理であり、天皇のいない空位時代が続くことになる。

これは憲法で「天皇ハ陸海軍ヲ統帥ス」と定められ、天皇と直結することが権威と力の源泉であった軍にとって深刻な問題だった。戦争の熱狂と恩恵が過去のものとなり、天皇も不在という二重の逆境のなか、軍には国民をつなぎ留めるための新たな物語、もしくは「サービス」が必要だった。

戦争が起きない限り、物語は生まれようがない。そのため考えられたサービスの一つが戦病死者遺族の御府拝観だったのではないか。

戦争の最大の被害者は戦没者と遺族である。国家と天皇への「ありがたさ」への念が薄れれば、被害者たちの怨嗟が軍に向かうことになる。それを回避するためには、戦没者遺族を慰撫し続けなければならない。その第一の役割は靖国神社が担っているが、さらに御府拝観で天皇不在による皇恩の欠落を補おうと考えたのかもしれない。

しかし、宮内省の主任者会議では戦没者遺族の御府拝観許可は見送られることになった。『拝観録』にはその理由は書かれていない。大正期の戦役の戦没者は四千数百人で、彼らを御府に招いても、その効果は限定的との意見もあったのか。

ただ、戦没者遺族の拝観は引き続き検討されていたようで、奈良の日記によると一年後の一九二五（大正十四）年五月一日に再び「振天府拝観許可範囲に関する会議」が開かれている。出席者は侍従武官長の奈良のほか、宮内省の次官、庶務課長、参事官などだった。そして「種々協議の結果、規定としては大体現状維持（但し戦死者の遺族並に教育者を加ふることには一同異議なし）とし――」という結論に至った。

戦没者遺族に御府拝観を許可することを決めたかのようにも読めるが、このあとも遺族の拝観は認められていない。「一同異議なし」というのは「戦没者遺族に御府を拝観させたいという心情と必要性は理解できる」という程度のものだったのだろう。

宮内省幹部らが遺族の拝観を認めたにもかかわらず実施されなかったのは、事務的な事情があったと考えられる。従来拝観を許可されていた「有資格者」と違い、戦没者遺族はほぼ一般庶民である。戦没者の親、子、兄弟などを含めると拝観者は相当な人数になる。不特定多数の人間を宮城（皇居）内に入れることを躊躇したとみられる。

御府が戦没者遺族を受け入れるのは、大量の戦死者が出来し、軍がいや応なく遺族の慰撫を迫られる昭和の十五年戦争が始まってからだった。

戦没者遺族の拝観が見送られた二五年、学習院の生徒らに初めて拝観が許された（約三十人、振天府)。皇族、華族、高等官の子弟の教育の一環として始められたのだろう。学習院生徒の拝観は恒例となり、年一回行われることになる。

大正期は御府を造営するほどの大戦争と物語がなかった時代といえるのだが、戦争に匹敵するか、それを上回る国家的危機があった。関東大震災だ。余談になるが、そのとき御府はどうなったのか。

結果をいえば、ほとんど無傷だった。関東大震災クラスの揺れだと、建物や収蔵品にある程度の損傷があった可能性もあるが、震災時の御府についての記録はほとんどない。わずかだが、『昭和天皇実録』に震災のときの御府に触れる記述が見られる。

一九二三(大正十二)年九月一日午前十一時五十八分に発生した地震で、皇居内の建物は宮殿、宮内省庁舎は倒壊を免れたが、主馬寮《しゆめりよう》馬車舎と女官部屋廊下などが全壊。済寧館《さいねいかん》(柔剣道場)・主馬寮庁舎などが半壊、その他大破は四千二百二十坪に及んだ。

皇居内で火災の発生はなかったが「各所より発生した火災は宮城に迫り、大手門・有光《ゆうこう》亭《てい》(振天府脇)に飛び火」する事態となった。いずれもすぐに消し止められた。

振天府、有光亭は桜田濠の縁にあり、濠をへだてた向かい側の警視庁庁舎が全焼している。その飛び火だろうか。

各御府は皇居内の建物のなかで、もっとも濠の近くにあり、外部からの火炎にさらされやすい。火事にならなかったのが不思議なくらいだ。御府は太平洋戦争末期に東京が被った空襲の大火炎からも逃げおおせることになる。

大正中期から年に三十件前後も許可されていた御府拝観は震災の影響もあってか、翌二四（同十三）年には六件（建安府拝観はゼロ）に激減する。しかし、その翌年には十七件に増え、以降は昭和期を通じてほぼ毎年二十件以上となっている。

表1の拝観件数を見ると、摂政設置翌年の一九二二（大正十一）年から二四（同十三）年まで拝観件数が減り続けており、御府の「衰退期」といえなくもない。近代で初めての摂政設置で権威の二重性が生じ、国民の天皇観が混乱していた時期でもある。

天皇と御府。両者はその消長を一にしているかのようである。

第四章

靖国神社との直結――昭和の「十八年戦争」

†明治天皇の尊像

一九二六（大正十五）年十二月二十五日に大正天皇が没する。新たな時代の昭和元年は一週間で終わり、一九二七（昭和二）年から事実上の昭和最初の年がスタートする。御府にも変化があった。この年からまた拝観件数が年三十件前後に増えるのだ（第三章の「表1　拝観件数」参照）。

要因のひとつは惇明府《じゅんめいふ》の解禁だった。同年六月十七日の『昭和天皇実録』は次のように記述している。

「惇明府（大正三年乃至九年戦役記念の庫として宮城内山里に建設）への有資格者の拝観が差し許される旨、宮内大臣より関係機関に通牒される」

拝観の資格は振天府に準じるものとされた。そして早くもほぼ十日後の同月二十八日に「陸軍中将福井策三以下五十九名が、最初の拝観者として同府を拝観する」（『昭和天皇実録』）とある。

前章で述べたように、大正期に皇族の伏見宮博恭王ら海軍将官と宮内省高等官の惇明府拝観が二例だけあった。正確には惇明府の拝観許可が通牒されて以降初の拝観ということだ。

昭和二年は拝観件数が二十九件に上った。大正九年以来の数字だ。振天府《しんてんふ》、建安府《けんあんふ》がともに八件である一方、惇明府が十三件ともっとも多くなった。理由はわからないが、解禁されたばかりの惇明府を積極的に見せようということだったのだろう。翌年の拝観件数も十六件で、振天府と建安府を上回っている。

一九二八（昭和三）年二月三日、宮内省の幹部らがうち揃い、ある目的で全御府を見て回ったことが奈良武次と河井弥八《かわいやはち》（侍従次長）の日記に書かれている。参加したのは奈良、河井のほか一木喜徳郎宮内大臣、関屋貞三郎次官、木下道雄侍従（太平洋戦争直後の侍従次長）らである。

幹部らは振天府、建安府、惇明府、懐遠府の順に見て回るのだが、その目的は「明治天皇尊像奉安の箇所を決定」することだった（『昭和初期の天皇と宮中　侍従次長河井弥八日記』）。

明治天皇の尊像とは何だったのか。それらしき記述が二日前、二月一日付けの『昭和天皇実録』にある。

「御学問所〔宮殿での天皇の執務室〕において高橋是清より献上の明治天皇衣冠束帯木彫彩色御座像（故帝室技芸員竹内久一製作）を御覧になり、宮内省御用掛工藤壮平より説明をお聴きになる」

昭和天皇の発案かどうかはわからないが、元首相の高橋から献上された明治天皇の像を御府に安置しようということになったのではないだろうか。木像なので屋外に置くことは考えられず、御府の建物内とみられるのだが、奈良も河井もその場所を具体的に書いていない。

その後の各種資料を調べてみたが、明治天皇の像に関しては何の記録も出てこなかった。写真や形を描写した文献もない。なぜ御府に置かれたのか。明治天皇の「思し召し」で造営したということで、振天府、懐遠府、建安府のいずれかに設置されたのだろうか。

御府を調べていると、このように唐突に登場し、その意味や消息がよくわからない事柄がよく出てくる。

シベリア出兵の終結から五年を経て、昭和はその始まりから再び大陸への出兵が行われる。

中国・広東を拠点とする国民党の国民政府は、孫文亡きあと蔣介石が指導権を握り、一九二六(大正十五)年七月に中国全土の統一を目指した北伐(第一次)を宣言。各地に割拠する軍閥との戦いを始めた。

翌二七(昭和二)年三月二十四日、進撃する過程で南京を占領した国民革命軍が略奪暴行を行い、日本を含む各国領事館、外国人が被害を受けた。南京事件である(日中戦争時の虐殺事件とは別)。

世論は憤慨。革命軍が山東省に迫ると、満州地域の権益が侵されることを懸念した田中義一内閣は五月、在留邦人保護を理由に二千人の兵力を同省に送った。その後さらに約二千人を増派する。

このときは革命軍側が北伐を中断したため、日本軍との衝突は避けられた。しかし、翌二八(同三)年三月に国民革命軍は北伐を再開。田中内閣は翌月、再度在留邦人保護を名目に第二次の山東出兵を閣議決定し、五千人以上を派兵して山東の要所を占領した。

そして同省済南で日本軍と国民革命軍の武力衝突「済南《さいなん》事件」が勃発する。戦闘は日本軍が勝利し、北伐軍は済南を迂回することになった。日本側はさらに第三次の出兵を断行し、派兵総兵力は約一万五千人に達した。山東出兵は日中の国民双方に敵意と怨恨を残すことになった。中国大陸での長い戦いの始まりである。

歴史上、山東出兵、済南での武力衝突は「事件」としてみられているが、軍にとっては「戦争」であった。わずかとはいえ戦死者（二十数人。中国側は居留民を含めて三千人以上が死亡とされている）を出している。

戦死者は慰霊・顕彰されねばならない。軍が済南事件を戦争とみなしていたことは、のちに造営される第五の御府「顕忠府《けんちゆうふ》」の設立名目で明らかになる。

宮内省幹部らが明治天皇の尊像設置場所を決めるために各御府を巡覧していた一九二八年は、日本を破滅に導く中国大陸での戦雲が立ち上りつつあるころだった。

この年の御府の拝観件数は三十三件で、過去十年間ではもっとも〝盛況〟だった。うち陸軍関係の拝観者が二十五件を占めていた。同年の侍従武官長・奈良武次の日記には御府の案内に忙しい日々がつづられている。

「朝自動車にて宮城振天府に到る。午前十時海軍々医学校学生（中少尉）十六名の振天府拝観の説明をなす」（六月十九日）

「朝雨中自動車にて宮城振天府に到り、士官学校生徒両中隊合計二百三十名余の振天府拝

観の案内をなす、蓮沼、矢野両武官も出席す」（六月二十二日）

陸軍出身の奈良の耳には当然入っていたとみられるが、この二週間ほど前に満州ではその後の日本の進路を大きくゆがめる陸軍の策謀が行われていた。張作霖爆殺事件である。六月四日、奉天で線路に仕掛けられた爆薬により軍閥指導者・張作霖が乗る列車が爆破され、張が殺害される。張は蔣介石の国民革命軍の北伐が北京に迫っていたため、日本の勧告で退去し、本拠地の奉天に戻ってきたところだった。

関東軍参謀・河本大作大佐による謀略であったことはあまりにも有名である。張は満州の権益を守るため日本が支援していた軍閥だったが、日本の意に添わない動きをとるようになったため、関東軍は張を排除し、新たな「傀儡」を立てて満州を中国から分離独立させることを画策していた。河本の独断ではなく、関東軍の謀略であり、陸軍中央も事実上黙認していた。

しかし、計画がずさんだったため、関東軍が出動し満州各地を占領することができず、失敗に終わった。成功していたら、この事件が「満州事変」となっていた。そして「昭和の輝かしい戦勝記念」として、数年後には新たな御府が造られていたことだろう。御府はつねに中国大陸での戦争を記念して造られてきたからだ。

†「流転の御府」懐遠府のゆくえ

翌一九二九（昭和四）年、戦争とは無関係だが、御府に新たな動きがある。「流転の御府」懐遠府がまたも移転することになった。ただ、今回は引っ越しというよりは事実上の「懐遠府取りつぶし」のような結果となる。

第二章で述べたが、懐遠府は一九〇一（明治三十四）年十月に完成、一〇（同四十三）年四月に日露戦を記念する建安府本館に取って代わられてしまった。「宿無し」となった収蔵品は一二（大正元）年十二月に吹上御苑の北地区に再建された諏訪の茶屋に納められることになり、これが新たな懐遠府となっていた。

ところが一九二八（昭和三）年の昭和天皇の即位礼を祝う茶屋が献上され、懐遠府（諏訪の茶屋）のある場所に建築されることに決まった。懐遠府は解体される。なぜわざわざ懐遠府を壊してまでこの場所に茶屋を造ることになったのかよくわからない。御苑内にはいくらでも敷地があったのだが。

結果的に懐遠府のあった場所に建てられたのは茶屋ではなく西洋館の「花蔭亭《かいんてい》」だった。三〇（同五）年に完成している。木造の茶屋にする予定がコンクリートの洋館になったのは、関東大震災の経験を踏まえ、非常時の天皇の避難場所とする考えがあったようだ。

立ち退かされた懐遠府はどうなったのか。宮内省大臣官房総務課『拝観録』は「建安府構内正門の内に移築せられ昭和四年八月竣工」と記している。「構内」は建物のなかだけではなく、「敷地内」という意味もあるので、懐遠府＝諏訪の茶屋が建安府の正門前に移築されたようにも読める。一九三八（昭和十三）年刊行の井原頼明『増補　皇室事典』には建安府が「懐遠府の北に当る」と書かれている。建安府の正門は南向きなので、門の前に移築されたとしたら符合する。序章の「図1　御府エリア図」を見ると、建安府の前は広い空間がある。かつてここに懐遠府が移築されていたのだろうか。

藤樫準二『皇室大観』（一九三七年刊行）にも「本府〔懐遠府〕は元花蔭亭の位置にあったが同亭御新築のため昭和四年四月建安府構内に移転せられ、本館の一室に戦利品、一室に参考品、准士官以上の戦病死者の写真、将校以下全部の戦病死者の名簿、砲舎、戦利砲などが陳列されてゐる」とある。

移築の時期を八月としている『拝観録』と時期がずれているが、この文も建安府前の敷地に懐遠府が移築されたように書かれている。ただ、建安府の「本館」内に収蔵品が移されたと読むこともできる。

藤樫は一九六五（昭和四十）年に刊行した『皇室事典』で井原と同様に建安府が懐遠府の北にあると書いているので、懐遠府の建物がそのまま建安府前に移築されたと考えていたのだろう。

だが、井原も藤樫も間違っていた。懐遠府の建物は建安府の前に移築されなかった。収蔵品のみが建安府の建物内に「居候」のように移された可能性が大なのだ。そのことがのちの拝観記録からうかがえるし、もっと決定的な証拠が海外からもたらされることになる。これについてはのちに述べる。

懐遠府は殻をもがれたヤドカリのように、またしても建物がなくなってしまったのだ。井原、藤樫ともに皇室事典を著すほどの練達の皇室記者である。どうして事実と異なることを書いているのか。

おそらく彼らは御府を一度も見ていないからだろう。昭和戦前の新聞記者は宮内省では「車夫馬丁」のように見られていた。宮中の奥深くの取材は許されず、御府の見学などもってのほかであっただろう。拝観の有資格者に「記者」は入っていなかった。

記者たちは御府については伝聞で情報を得ていたとみられる。井原や藤樫が書き残した御府に関する記事は貴重な歴史資料だが、どうも隔靴掻痒の感があり、記述にも混乱があるのは、実物を見ていないからだとみられる。

御府の記録に不可解な部分が多く、読む者を戸惑わせるのは、事実を正確に記録する能力に長けている新聞記者に取材させなかったからではないだろうか。明治の御府草創期には「皇恩」宣伝のために新聞記者を招いたことがあったが、大正から昭和期にかけては記者は出入り禁止であった。それは平成時代の現在まで変わっておらず、御府を皇居の知られざるブラックボックスのままにしている。

†見送られた遺族拝観と議員のドタキャン

一九二九（昭和四）年から三〇年にかけては、中国大陸での戦火はいったん収まる。昭和前期で日本軍が大陸で大規模な軍事行動を起こさなかったまれな時期であった。この間、先の懐遠府移転など、御府をめぐってはいろいろ動きがあった。

『明治天皇紀』には御府に関する記述が十三件、『大正天皇実録』にいたっては二件しかないのにくらべ、『昭和天皇実録』は二十二件も御府が登場する。昭和期の天皇と御府の邂逅が最初に登場するのは二九年四月八日だ。

この日午後、天皇は吹上馬場で馬術の練習をしたあと「振天府脇道路等、半蔵門内の道筋を桜花を眺められつつ回られ、賢所横道を経て御帰還になる」とある。書き方が舌足らずだが、このコースだと乗馬のまま回ったのだろう。馬上から振天府を見ただけというそっけない記述だ。即位から二年四カ月余りたつが、天皇はまだ御府を訪れていない。

この翌日の四月九日の奈良武次の日記に、懐遠府について、ちょっと意味を解しかねる次のような記述が出てくる。

「懐遠府及山里門外倉庫に在る特種の戦利品を実視す、其《その》結果将来懐遠府を開放せられても陳列品は現在の通りにて可なりと認む」

山里門は御府エリアの北東、上道灌濠《かみどうかんぼり》を隔てた場所にある。ここにも戦利品を収蔵する倉庫があったらしい。御府以外にも戦利品倉庫があったという記録はほかには見あたらない。

そして、そこに納められていた「特種の戦利品」とは何だろう。奈良はそれを見た結果、懐遠府の拝観を許可した場合、陳列品を変える必要はないと判断した。この年の四月か八月に懐遠府は建安府に「吸収」されるので、そのレイアウトを考えていたのか。従来の懐遠府の所蔵品では物足りないので、この特種の戦利品を加えようとしたが、それほどのものでもなかったのでやめたということだろうか。

特種の戦利品というのが気になる。こういうウナギの匂いだけをかがせるような書き方ではなく、具体的に書いてくれればよいのだが。

この年も奈良は御府の案内に忙しい。十一月五日、六日は連日大人数(陸軍士官学校卒業前の少尉候補者約四百人、海軍特務士官約百人)の振天府、建安府拝観に付き添っている。

翌一九三〇(昭和五)年、理由はよくわからないが拝観件数は前年の半数の十三件に減っている。陸軍関係がほとんどで、なぜか海軍関係は一件もない。

三月六日、靖国神社の遊就館の館長が奈良を訪れ、「同館復興に付き御下賜金を願はれまじくやとの話し及び御手許に在る陸軍兵器の模型御下賜相成るまじくや」と話したという(奈良の日記第三巻より)。

陸軍兵器の模型というと、御府か模型室に展示してあるものだろう。奈良はこれに対する諾否を書いていないが、御府から軍事博物館だった遊就館への収蔵品の提供はよく行われていたのかもしれない。

一九三一(同六)年九月十八日、満州事変が勃発し、日本はかつてなく長い、そして破滅的な戦争の時代へ突入していく。

七カ月前の二月十二日、奈良は日記に「此日振天府等拝観者範囲拡張の件に付き武官会議あり、余も出席す」と書いている。例によって舌足らずな書き方だが、大正末期に検討された戦没者遺族の拝観許可についての会議だったとみられる。遺族の拝観は侍従武官府にとって長年の懸案だったようだ。

結果として、やはり遺族の拝観許可は見送られた。明治末以来、御府拝観は軍人や官僚、議員など「有資格者」のみと厳格に規定されてきた。戦没者遺族となると、多数の庶民を皇居に招き入れることになる。そのことへの抵抗がまだ強かったのだろう。

しかし、満州事変以降、大量の戦病死者が出ることになり、その慰霊と顕彰、遺族の慰撫のため御府を開かざるをえなくなる。この日、奈良をはじめとする武官会議出席者はまだ知るよしもなかった。

満州事変勃発までの御府での出来事を奈良の日記をもとに、いくつか見ていく。

戦没者遺族の拝観の許可を話し合ったとみられる武官会議からほぼ二週間後の二月二十五日、奈良は振天府の拝観に訪れた海軍の士官候補生ら二百二十九人を相手に館内を案内、説明している。

三月九日には衆院議員の建安府拝観に応対したが、拝観を申請していた七十六人中、半数が欠席したという。侍従武官の四竈《しかま》孝輔が憤慨した大正期と同様、議員のドタキャンは茶飯事だったのだろう。

そして十一日には同じ議員たち（やはり半数欠席）が惇明府を拝観している。御府の拝観は一人一度限りという規定があるのだが、議員は特別扱いだった。それでも半数が欠席するということは、軍人以外の人間にとっては御府の拝観などありがたくも何ともない行事になっていたのかもしれない。

奈良は四竈のように欠席者への怒りを日記に書きつづることもなく、淡々と事実のみを記している。「世間一般の御府を見る目はこんなものだろう」とあきらめているかのようだ。

†御府の新時代到来

昭和六年は三月事件、十月事件と陸軍のクーデター未遂事件が相次いでいた。六月に満州北部で偵察活動中だった参謀本部の中村震太郎大尉が中国軍に殺害される事件があり、世論は沸騰した。中国側でも反日感情が高まり、日中は一触即発の状態だった。「国難」のときは親軍的空気が広がる。満州事変はその空気を背景に画策される。

中村事件が公表される前だが、七月七日にはこんなことがあった。

「午前十時より侍従長振天府外《ほか》三府拝観希望に付き瀬川武官と共に同行す、岡本、野口両侍従も同行す」（奈良の日記）

この侍従長というのは、のちに二・二六事件で青年将校に襲われ、終戦時に総理大臣を務めることになる鈴木貫太郎である。鈴木は二年半前の一九二九（昭和四）年一月に侍従長に就任しているのだが、このときまで御府を見学しなかったのだろうか。

ただ、御府を訪れたのは初めてではない。古い記録を調べると、海軍少佐時代の一八九九（明治三十二）年に振天府を拝観している。鈴木は海軍大将まで登り詰めた幹部軍人である。御府拝観は必須であった。

鈴木は何を思い立って御府に足を運んだのだろう。時期が時期だけに、興味が引かれる。満州事変は「成功」し、翌一九三二（昭和七）年一月には上海で日中の武力衝突が発生する。第一次上海事変である。これも世界の目を満州からそらすための陸軍の謀略から起こされたものだった。三月一日には日本の傀儡国家・満州国が建国を宣言した。

軍にとっては久々の「勝ちいくさ」であり、シベリア出兵の汚名をそそぐ成果だった。明治、大正の先例にならえば、昭和の新御府が造られねばならない。その動きはこの年から始まる。そして御府の画期となる年でもあった。

まず、同年二月三日、建安府拝観と同時に懐遠府の拝観も許可するとの通牒が出される。実は前年八月、すでに懐遠府一般拝観の許可が出ていたが、実際の拝観例はまだなかった。これまで唯一、外部の拝観が許可されていなかった懐遠府が開放されたことで、全御府が拝観可能になった。これも軍のステータス向上の影響だろうか。

ただ、懐遠府は建物がなくなり、建安府内に「間借り」していた。「懐遠府は場所柄建安府と同時に拝観せんとする者のみに差許され、単に懐遠府のみを願出つるとも単独には差許されず」(『拝観録』)とされ、建安府見学のついでに懐遠府を見てもよい、ということだったようだ。

初の懐遠府拝観は四ヵ月余り後の六月二十三日、陸軍士官学校生徒約三百二十人で、建安府と合わせての拝観だった。以後五年間は年に三―六件ほどの拝観が許されている。いずれも「建安府並懐遠府拝観」(宮内省省報)という形の「セット拝観」だ。ただ、なぜか日中戦争が勃発した一九三七年以降、懐遠府の拝観が年間ゼロか一―二件と、ほとんど実施されなくなる。

三二年四月二日の奈良の日記には重要な記述が登場する。

「午前会報を行ひ済南事変及満州事変戦病死者の写真及姓名録は準備する様、陸海軍省に通知することに決定す」

戦没者の写真と名簿の収集を軍に通達するということは、昭和の新たな御府造営が行われるということだ。その記念すべき「戦勝」は済南事件と満州事変であった。

二日後の四月四日、御府の歴史を大きく変える決定がなされる。長年検討されつつも実現しなかった戦没者遺族の拝観がついに許されることになったのだ。拝観は「戦病死者遺族の中一名」とし、資格範囲は「戦病死者と同一戸籍内に在る寡婦、子、父母、祖父母、孫」とされた。

「右は大正十三年よりの懸案なりしを茲《ここ》に始めて実現せられたるものなり。但《ただ》し靖国神社大祭参列の遺族に対しては其の都度の詮議とす」(『拝観録』)

そして同月二十八日、戦没者遺族の拝観が初めて実現する。

「靖国神社大祭の際、新合祀遺族各家族代表一名宛陸軍騎兵大佐古賀傳太郎妻古賀ふさ以下四百八十一名に対し拝観差許されたり」(同)

この日遺族らが拝観したのは振天府だった。五百人近い拝観は異例のことで、奈良武次の日記によると、午前九時半から午後零時の間に四回に分けて拝観が行われた。

前日の二十七日、靖国神社では臨時大祭が行われ、天皇と皇后が参拝している。合祀されたのは「満洲事変並びに昭和二年支那擾乱事件・昭和三年支那事変・昭和五年台湾霧社事件により戦死又は死没した軍人・軍属等合計五百三十一名」(『昭和天皇実録』)だった。

満州事変の戦没者が初めて靖国神社に合祀されたことと御府拝観の許可は無関係ではないだろう。「昭和二年支那擾乱事件」は南京事件、「昭和三年支那事変」は済南事件のことだ。「昭和五年台湾霧社《むしゃ》事件」は台湾先住民の抗日武装蜂起事件で、日本人約百三十人が殺害された。一方、日本の軍・警察の鎮圧行動で先住民側も約七百人の死者が出ている。

天皇、皇后は本殿に参拝したあと、関東大震災で倒壊し、前年十月に新築開館した遊就館を見学している。

合祀者数と御府を拝観した遺族の数に違いがあるのは、臨時大祭に必ずしも全遺族が参列していなかったか、大祭に参列した遺族すべてが御府を拝観したわけではなかったからだろう。

†靖国から御府への巡礼コース

却下され続けてきた戦没者遺族の御府拝観が許可されたのは、新御府造営への布石であった。昭和に入って、中国大陸で立て続けに起きた戦乱で戦没者が増加し、軍が遺族を慰撫する必要に迫られていたことも要因だった。

御府は戦没者遺族という「通路」で靖国神社とつながることになる。遺族は靖国神社から御府へと「巡礼コース」をたどることになり、御府は皇居内の「靖国神社別宮」として、戦利品倉庫よりも慰霊・顕彰施設としての性格を強めていく。

秋が近づくと、昭和の御府造営への動きが具体化してくる。

「午后二時御内庭に於《お》いて乗馬に出御の御序《ついで》、馬占山没落時の鹵獲品、我軍の記念品、馬占山より国際聯盟調査団に寄呈せんと企てたる書き物等天覧」(一九三二年九月二十六日、奈良武次の日記)

馬占山は満州事変の際に日本軍と戦った馬賊出身の満州の軍人。御府建設前に収蔵品を天皇に見せるのは慣例だった。十月十八日、天皇から新たな御府建設の指示が出る。

「満洲事変記念のための御府新設の御沙汰を下される。翌十九日、宮内大臣一木喜徳郎・宮内次官関屋貞三郎・内匠《たくみ》頭白根松介・宮内大臣官房総務課長木下道雄等が協議の結果、将士の写真・名簿を主として、その忠勇義烈を記念するもの、及び記念に不可欠の戦利品を収蔵することとなる」（『昭和天皇実録』）

昭和の新御府「顕忠府」が造られることになるのだが、その趣旨はあくまで満州事変の記念であった。関東軍の謀略で引き起こされた宣戦布告なき「事変」だったが、この時代の日本人の大部分は知るよしもない。

事変によって傀儡国家・満州国が誕生した。軍の目的は同国を対ソ戦を想定した戦略基地とし、総力戦を遂行するための資源供給地とすることだった。軍が一つの国家を創造したのだ。昭和の軍人にとって、日清、日露戦争を勝ち抜いた偉大な明治の先達をしのぐ〝偉業〟だった。

奈良の日記には、十月二十日に一木大臣、関屋次官、鈴木侍従長らと「御府建設敷地拝見」とある。昭和の御府は建安府の休所を取り壊した場所に造られることになるのだが、「敷地」とあるので、この時点では場所はまだ確定していなかったのだろう。

四日後の二十四日の日記には「午前九時半より是迄《これまで》の戦病死者遺族約三百五十名の振天

府拝観に出場し、四回に亘《わた》り総括的説明をなす（阿南、町尻両武官出場）」と記されている。阿南は終戦時の陸軍大臣・阿南惟幾《これちか》で、この時期は侍従武官を務めていた。

このときの戦没者遺族の御府拝観は、同年四月の初拝観とは別の意味がある軍の「特別サービス」だった。この年の十月には靖国神社では臨時大祭は行われていない。日中戦争で戦死者が激増するまでは春だけ戦没者の合祀が実施されるのが慣例だった。

二十四日に拝観を許されたのは直近の戦役で没した軍人・軍属の遺族ではなく、「これまでの戦病死者」、つまり日清戦争以降の各戦役の戦没者遺族だったのだろう。以降も春秋に遺族の拝観が実施されていく。

「表2　靖国神社戦没者遺族の御府拝観年表」は、宮内省省報の記録をもとに筆者が作成したものだ。当初、拝観は振天府だったが、その後は建安府の拝観が多くなる。日露戦争の戦没者遺族に配慮したのかもしれない。日中戦争が始まる一九三七年以降は顕忠府拝観が主となる。

†新御府の具体案が固まる

新御府は翌一九三三（昭和八）年に着工することになるのだが、この工事がどういうわけかなかなか進まない。結果的に完成まで三年を要することになる。

表２　靖国神社戦没者遺族の御府拝観年表

拝観年月日		遺族数	拝観御府
西暦			
1932	昭和７年４月28日	480	振天府
	10月24日	432	振天府
1933	昭和８年４月26日	812	建安府
	４月27日	899	建安府
	10月24日	808	振天府
1934	昭和９年４月26日	694	建安府
	４月27日	838	建安府
	10月24日	413	建安府
1935	昭和10年４月28日	770	建安府
	10月24日	350	建安府
1936	昭和11年４月28日	942	建安府
1937	昭和12年４月26〜27日	1080	顕忠府
	10月24日	264	建安府
1938	昭和13年４月25〜28日	4249	顕忠府
	10月17〜22日	1万6352	顕忠府
1939	昭和14年４月24〜28日	1万　91	顕忠府
	10月18〜22日	1万　148	顕忠府
1940	昭和15年４月24〜28日	1万1509	顕忠府
	10月16〜21日	1万4225	顕忠府
1941	昭和16年４月24〜28日	1万4740	建安府
	10月16〜21日	1万4792	建安府
1942	昭和17年４月24〜28日	1万4816	建安府
	10月15〜20日	1万4862	顕忠府
1943	昭和18年４月23〜28日	1万9740	顕忠府
	10月15〜20日	1万9727	顕忠府
1944	昭和19年４月21〜27日	1万9294	顕忠府

（宮内省省報の記録をもとに著者作成）

同年四月六日、侍従武官長が奈良武次から本庄繁に交代する。本庄は満州事変勃発時の関東軍司令官だった。武官長就任はその論功行賞であった。関東軍の謀略を疑っていた昭和天皇は当初、本庄の就任に難色を示していた。

本庄も『本庄繁日記』として詳細な日記を後世に残し、二・二六事件の記述で有名だ。その日記に、奈良日記ほどではないが御府に関する記述がたびたび登場する。

武官長就任一ヵ月後の五月六日の日記には「午前十時より経理学校学生及赤十字社関係の人々に振天府拝観を許さる。自ら出で、挨拶す」と書いている。この年は久々に年間拝観件数が三十件を超えていたので、新任侍従武官長は御府案内に忙しかったことだろう。

五月三十一日、「午前十時鈴木〔貫太郎〕侍従長に御府建設に関する意見を述ぶ」とある。この年、満州事変の功により陸軍大将に親任され、のちに男爵の爵位まで与えられて華族に列せられることになる本庄が、自らの功績を顕彰するに等しい新御府についてどのような意見を述べたのか。詳しいことは書かれていない。

六月十九日、新御府について具体的な内容が固まる。『昭和天皇実録』は次のように記している。

「この日、満洲・上海両事変を始め昭和の御代の事変・戦役に関する新御府建設綱領を御裁可になる。同綱領により、建安府御休所を破却し、新御府を建設することとなる。建坪は陳列室階下約五十坪、階上約三十坪程度とし、用材構造等は振天府の例に倣って素朴荘厳を旨とする。収蔵品は、昭和の御代の事変・戦役における戦病死者の写真及び姓名録、その他記念品とする」

当初は満州事変の記念とされていた新御府が、昭和に起きた事変、戦役全般を記念するという趣旨に変わっている。うがち過ぎかもしれないが、本庄が鈴木侍従長に語った意見は、新御府が何を記念するべきものか、ということであったかもしれない。さすがに自分たちの謀略で起こした事変のみを記念した御府の造営は面はゆかったのか。それとも済南事件など、他の戦役関係者から不満が出ることを気にしたのかもしれない。

新御府は八月から工事が始まる。本庄は十一月十四日の日記に「午前十時より御府建設地を侍従長と共に視察す（明治大帝御銅像の置場等も研究）」と記している。

「建設地」とあるので、建安府の休所を取り壊してまだ更地状態だったのかもしれない。「明治大帝御銅像の置場」というのが気になる記述だ。

先に一九二八（昭和三）年の二月に高橋是清から明治天皇の「木像」が献上され、それを御府のどこかに設置したことを書いたが、「銅像」とあるので、これとは別のものだろう。

大正末から昭和の初期は明治天皇讃仰ブームの時代で、各地で聖蹟（天皇の行幸あと）指定が行われた。御府に明治天皇像をいくつも置いたのはその影響かもしれない。不思議なことに御府関連の資料には明治天皇の像に関する記述がまったく登場せず、それらがどこに置かれていて、御府が廃止されたあとどうなったのか、よくわからない。

侍従長と建設地を視察した十日後の十一月二十四日、本庄は「午後三時半より御府建設模型を見る」と書いている。御府を造営する際はまず模型を作り、宮内省幹部らが検分していたようだ。当然、天皇にも見せていただろう。

半年ほど前に戻るが、この年の五月二十五日の本庄の日記には「午前十時半国民精神文化研究員66名振天府拝観」という記述が見える。国民精神文化研究所は共産主義や外来思想に対抗し、天皇中心の国体思想強化のための教育者育成機関として前年の三二年に設立された。

同研究所の研究員の拝観はこのときが初めてで、以後四二（昭和十七）年まで毎年、計十六回もの拝観が許可されている。同研究所は四三年十一月に国民錬成所と統合され、「教学錬成所」となる。施設としての性格は同じで、錬成所となってからも二回、所員の拝観が行われている。軍を除いて、ひとつの施設関係者にこれだけ拝観が許可されるのは異例だ。

御府拝観には国民教育効果があったが、明治・大正期は「皇恩」を認識させるのが狙いだった。昭和の戦争期に入ると、「イデオロギー宣布装置」としての利用価値を見出されていたようだ。

一九三四（昭和九）年四月二十六日の『昭和天皇実録』には次のような記述が登場する。

「別格官幣社靖国神社臨時大祭挙行につき、掌典伊藤博精を勅使として参向せしめられる。〔略〕この度の臨時大祭において、満洲事変において死没した軍人・軍属等千六百六十八名が新たに祭神として合祀され、合祀者の遺族には建安府・新宿御苑の拝観が差し許される」

『実録』で靖国神社に合祀された戦没者遺族が御府を拝観したという記述はこの一ヵ所のみだ。二年前の春の臨時大祭の時期に初めて戦没者遺族の御府拝観が許可されて以降、春秋の臨時大祭に合わせて遺族の御府拝観が実施されてきた。唐突にこの時期の御府拝観だけを取り上げた理由はよくわからず、実録編修者の気まぐれかもしれない。

満州事変から戦死者が急増したため、靖国の「英霊」遺族の数もそれだけ増えることになり、このときの合祀者数は千六百人以上に上った。これだけの人数が一日で御府を拝観するのは無理で、宮内省省報の記録によると、二十六日に六百九十四人、二十七日に八百三十八人と二日間に分けて実施されている。拝観者の合計は千五百三十二人で、合祀者数よりやや少なく、必ずしも遺族全員が拝観していたわけではなかった。

†昭和の新御府「顕忠府」の完成

一九三三（昭和八）年に着工した新御府の工事はなぜか遅々として進まず、三六年を迎えても完成しない。ただ、収蔵品の収集は着々と行われていた。三五（同十）年一月八日に宮内大臣の湯浅倉平《くらへい》から総理大臣の岡田啓介宛に次のような依頼が出されている。

「今回の満洲事変及上海事変を始め昭和の御代の事変若《もしく》は戦役に於《お》ける皇軍将士等殉国の誠を後世に伝へしめらるる為《ため》新御府建設あらせられ候所右御府に収蔵せらるへき資料別紙の通御治定相成候間蒐集方至急御取計《とりはからい》相煩度《わずらわしたく》及御依頼候也《なり》」

「別紙」では収集すべきものを「戦病死者の官姓名、死没の場所、年月日及び写真」としている。その上で、戦病死者は靖国神社合祀の範囲に限り、戦・病死の区別も同神社合祀の例にならうと定めた。

この時期でも「戦闘死」と「病死」は区別、もしくは差別されていた。のちの太平洋戦争で戦死者の過半数以上が広義の病死である餓死になろうとは想像もできなかっただろう。

戦没者の写真については細かな指示が出されている。写真の製作（複写）は陸軍の分は陸地測量部、海軍と軍以外の分（官吏など）は水路部に委託し、費用は宮内省が負担するとしている。写真の裏面に官姓名などを記入し、順次侍従職宛に送付することになっていた。

同年二月二十六日に開催された「新御府献納品銓衡委員会」の海軍資料がある。この場で検討された項目は「新御府一階に納める記念品の数、種類、特色とそれらの陸軍側記念品との比較」「二階に納める戦病死者の写真準備の状況」「砲廠陳列品」「絵画準備の状況」「事変行動一覧図原案」「今後の作業予定期日」となっている。

この委員会資料には献納品の候補リストが添付されている。海軍の資料なので、一九三二（昭和七）年の第一次上海事変での海軍陸戦隊の記念品が主である。軍服、鉄兜、遺書、小銃、軍帽、飛行機破片など。戦利品としては迫撃砲、小銃、青龍刀、青天白日旗（中国国民党の党旗）、銃剣などが列挙されている。

砲廠陳列品は砲舎に納める大型の記念品で、装甲車、飛行機、迫撃砲などが候補として記されている。「絵画準備」というのは、新御府に戦場を描いた絵画を展示しようとしていたからだ。これはこれまでの御府にはない試みだった。

この絵を描いたのは大正から昭和前期にかけて活躍した洋画家で和製ターナーとも呼ばれた栗原忠二だった。栗原は新御府に納めるため六枚の戦争画を描いたといわれているが、それらは現存しておらず、どのような絵かわからない。

ただし、この新御府献納品銓衡委員会の資料には栗原の絵の題名が記されており、そこからどのような絵だったかある程度想像はできる。

それらは「小学児童通学保護」「呉淞攻撃」「博愛ニ国境ナシ」「蘇州上空ノ空中戦」「七了口敵前上陸」「閘北ノ激戦」と題されていた。題名が書かれているので、この時期には絵は完成していたらしい。

一九三五年八月十九日付けで内閣官房総務課長から宮内大臣官房総務課長宛に出された文書がある。これには戦病死した南満洲鉄道（満鉄）社員の氏名、所属、資格、相当階級（判任官相当など）を記した名簿が添付されていた。宮内省からの照会に答えたもので、新御府に納められる戦没者名簿には、軍人・軍属だけではなく満鉄社員の戦病死者も含まれていた。

謀略で成就した満州事変を「聖戦」と糊塗するため、民間人の死者も「殉難者」として顕彰する必要があったのだろう。

新御府は着工から二年を経過していたがまだ完成しない。同年十一月五日、御府の命名が先に行われた。

「済南事件・満洲事変・上海事変の記念のため吹上御苑内に造営中の新御府につき、今般「顕忠府」と御命名になり、この日発表される。なお扁額の揮毫を〔閑院宮〕載仁《ことひと》親王に命じられる」（『昭和天皇実録』）

顕忠府は一九二八（昭和三）年の済南事件からの戦役を記念、顕彰する御府と位置づけられた。軍にとっては昭和の戦争は済南事件から始まっているのである。三一年の満州事変から四五年のアジア太平洋戦争終結までを「十五年戦争」とも呼ぶが、昭和の戦争は「十八年戦争」と呼び直した方がよいかもしれない。

振天府から惇明府までの御府記を書いた股野琢はすでにこの世になく、「顕忠府記」執筆は中国文学者の狩野直喜が担当した。藤樫準二『皇室大観』に命名の由来が記されている。

「謹んで御命名の據《きよ》を按《あん》ずるに〔理由を考えると〕、顕忠の二字は尚書仲虺《ちゆうき》之誥《こう》に『顕㆑忠遂㆑良』の文あるに取らせられたるもので孔安国の註に『忠則顕㆑之、良則進㆑之、明王之道』とあるところからとらせられたものである」

顕忠府は一九三六（昭和十一）年十二月十六日にようやく完成する。着工から三年以上を経過していた。建安府も工期が四年かかっているが、なぜこれほど時間を要したのか、その事情を記した資料が見あたらず不明である。

「新御府は本丸葺木造二階建、延坪百余坪、場所は宮城内吹上御苑内の建安府近くにして彼の上海戦の華爆弾三勇士の鉄条網や、熱河戦に於ける無敵空軍の勇者清水大尉の飛行服など、勇士の忠勇義烈を物語る遺品遺物が多数収蔵されてある」（『皇室大観』）

第一次上海事変で軍神となった爆弾三勇士の遺品など、顕忠府には生々しい戦場の物品が数多く納められていた。

顕忠府が完成した昭和十一年は二・二六事件が発生している。クーデターの恐怖により政治と言論が完全に軍事に屈服し、軍が事実上国家の主権を握った。日本は総動員体制でより大きな戦争へと突き進んでいく。

昭和の戦争すべてを記念・顕彰するべく造られた顕忠府は、その戦争が敗戦に終わったため「未完の御府」「最後の御府」となるのだが、奇《く》しくも滅亡の端緒となった事件の年に誕生したのだ。

†昭和天皇が顕忠府を天覧

顕忠府完成二日後の十二月十八日、昭和天皇が収蔵品を見学している。

「この日午前、鶏御杉戸前廊下に陳列された「顕忠府」の扁額（載仁親王揮毫）、同時に収蔵・展示される戦死者及び戦病死者の名簿、写真帖、献納品説明書等を侍従永積《ながづみ》寅彦の説明にて御覧になる」（『昭和天皇実録』）

そして同月二十四日、天皇は初めて顕忠府を訪れる。

「午後二時、自動車にて御乗馬口を発御され、今般新設の顕忠府にお出ましになる。同三分、本館に着御され、入口内において侍従次長広幡《ひろはた》忠隆より顕忠府の概要につき奏上を受けられる。ついで一階に陳列の陸海軍将士の記念品及び戦利品を御巡覧になり、陸軍関係につき侍従武官中島鉄蔵より、海軍関係につき同平田昇よりそれぞれ説明を受けられる」（同）

顕忠府は敗戦により未完の御府となったためか、他の御府のように外観や内部を撮影した写真が残っていない。筆者の調べた範囲では顕忠府を写した写真は皆無である。敗戦後に処分された可能性もある。

昭和天皇（共同通信社）

実は宮内庁関係者を通じて、現存する顕忠府の外観の写真を見せてもらったことがある。この写真を本書に使わせてほしいとお願いしたが断られた。

建安府、惇明府と比べるとこじんまりした感じで、頑丈そうな瓦葺きの二階建ての建物である。入り口は正面に一つある。内部の写真はないので、現状がどうなっているかわからない。

『昭和天皇実録』の記述によると、一階に記念品と戦利品を陳列していたようだ。ただ、『実録』では爆弾三勇士の遺品など具体的な物品名には触れていない。あえて避けているとも感じられる。

『実録』の記述は、先に紹介した海軍の「新御府献納品銓衡委員会」資料で一階に記念品・戦利品、二階に戦没者の写真と記されていたとおりである。

「続いて二階の戦病死者名簿・写真帖・写真額を、同じく中島・平田の説明にて御覧になる。さらに一階壁面に陳列の油絵額を御覧の後、附属砲舎に移られ、飛行機・装甲車等を御覧になる。三時、還御される。なお、特に陸軍大臣寺内寿一・海軍大臣永野修身に陪覧を差し許される」

振天府、建安府は記念品・戦利品を陳列する「本館」と戦没者の写真・名簿を収蔵した「参考室」が別棟になっていたが、顕忠府は一階に「本館」、二階に「参考室」の役割を持たせていた。

一階の壁面に陳列していた油絵は栗原忠二が描いた六枚の戦争画とみてまちがいない。附属砲舎には飛行機と装甲車が陳列してあったというのだから、大きな建物だったのだろう。顕忠府の北東側に砲舎とされている長方形の建物が現存している（序章の「図1　御府エリア図」）。おそらくこの建物が顕忠府の附属砲舎だったとみられる。

この日の顕忠府初天覧は翌日新聞報道された。直接取材など許される時代ではないので、事後の「レクチャー」をもとにしたのだろう。

顕忠府に行幸　陳列品を𦣇《みそな》はせらる

満洲、上海両事変の記念府として宮城内に御造営遊ばされた顕忠府は先に閑院元帥宮殿下御染筆にかゝる扁額を掲げられたが二十四日午後二時天皇陛下には畏くも寺内陸相、永野海相、廣幡侍従次長、平田侍従武官等を従へさせられ、初めて顕忠府に行幸親しく皇軍の武勲を語る数々の陳列品をみそなはせられた、寺内、永野両相以下は御思召のほどに感泣して種々御説明申上げた。

（「東京朝日新聞」昭和十一年十二月二十五日）

これが顕忠府行幸の最初にして最後の記事となる。記録上、顕忠府への行幸はこのとき一度だけとなっているからだ。昭和天皇は振天府から顕忠府までの五つの御府すべてを見た、ただ一人の天皇だが、それぞれ一度しか訪れていない。

振天府を一度しか見ず、懐遠府、建安府には足を運ばなかった明治天皇と同様に、御府に行かない（もしくは行きたくない）事情があったのだろうか。

しかし、明治と同じく天皇が頻繁に御府を訪れ、戦没将兵を深く悼んでいるという、事実とは逆の言説が流布される。

「又いよいよ満洲事変が一段落いたしますと聖上陛下におかせられては今次の満洲事変において芽出度《めでたく》凱旋するものは、それぞれ其の功績により賞をうけ、或《あるい》は栄達の道を進むのであらうが、彼の地において国の為《ため》に戦死病死したものは誠に気の毒である」

侍従武官の出光万兵衛が著した『聖上陛下御日常の一端』（一九四〇年）の一節だが、「凱旋する者は賞を受くる差あり、而《しか》して死する者は与《あずか》らず。朕はなはだこれを戚《いた》む」という明治天皇の「心情」を記した振天府記とよく似ている。

出光は天皇がせめて戦没者の写真をそばに置き、御府を建立して「その功績を後の世の子孫にまで普《あまね》くつたへ知らしめて其《そ》の霊を慰めてやりたい」との思し召しを示した、と続ける。これも振天府記の「朕が子孫及び、朕が子孫の臣民たる者をして斯《この》府を観て以《もっ》て征清将士の尽忠《じんちゅう》を知らしむべし」の引き写しである。

そして「折にふれ、時に応じ、聖上皇后両陛下御そろひ遊ばして顕忠府に成らせられ、御府に鎮まる忠霊をなぐさめ給ふのであります。皇国の為《ため》護国の華と散りし在天の英霊も大御心に感激して、安らかに黄泉の地下に瞑することであらうと存じます」と御府天覧の

「折にふれ」説話を語る。明治以来、御府に関しての「大御心のありがたさ」を喧伝する「型」であった。

顕忠府の収蔵品については、これまでとは違った方針が打ち出された。

「日露戦争までは将校以上の写真のみ御府に掲げられてゐましたが、今次御建立の顕忠府の裡《うち》には御思召によりまして下《しも》は兵に至るまで、悉く其の写真を御保存あらせられ」（出光著）と、戦没者すべての写真を集めることになった。

高等科の修身の教科書（一九四四年）にもこの説話が掲載されている。

「顕忠府御造営に際しては、「写真も広く普及したことであるから、戦死者の写真は、下士官兵の分まで全部集めよ」と仰せ出された。伝へ承るだに、私どもは、今更ながら、皇恩の無辺であることを覚えずにはゐられない」

これまでの御府よりも「皇恩」のありがたさを付加しようということだろうが、全戦没者の写真を集めるとなると、八万人を超える戦病死者を出した日露戦争のような大戦争になれば、収集作業に大変な労力を要することになる。それに御府内にそれだけの数の写真を展示するスペースはないだろう。

昭和の戦争初期にはそれほどの戦没者は出ないと高をくくっていたのか。満州事変以降、太平洋戦争終結までの軍人・軍属の戦病死者は日露戦争の三十倍近い約二百三十万人に上ることをだれも予想していなかったことは確かだろう。

†幻の第六の御府

「一度きりの」顕忠府天覧のあとの出来事を追っていこう。翌一九三七（昭和十二）年三月三日から顕忠府の拝観が始まる。

「この日皇族・王公族に対し、顕忠府の内覧を差し許される。ついで五日には、大勲位・内閣総理大臣・枢密院議長以下の親任官・親補職の諸官等に拝観を差し許される。さらに四月一日より、一般有資格者及び満洲事変・上海事変・済南事変における将兵・遺族等に対して拝観を差し許される」（『昭和天皇実録』）

同年三月五日に大角岑生《おおすみみねお》や岡田啓介ら親補職にあたる海軍大将十三人が顕忠府を拝観したという海軍資料が残っている。四月八日、十五日には勅任官の中将、少将も拝観した。そのなかには山本五十六（当時海軍次官）の名も見える。陸軍将官も同時期に拝観を行っていたとみられる。そして、昭和の戦争を記念する御府を、その戦争に参加した将兵と戦没者遺族が拝観できるようになった。

拝観「解禁」から三カ月後の七月七日、盧溝橋事件が勃発。日本は泥沼の日中戦争へと突き進み、破滅的な太平洋戦争にいたる。運命の年に開かれた御府・顕忠府は、その後の戦争を記念することも、膨大な戦没者を慰霊・顕彰することもできずに終わることになる。

日中戦争の影響もあってか、この年の顕忠府の拝観件数は二十八件に上る。一つの御府の年間拝観件数としては御府の歴史上最多記録である。すべての御府の総拝観件数も四十四件で、これも最多だ（第三章の「表1　御府拝観件数」参照）。同年以降、拝観の主役は顕忠府になる。

日中戦争が始まって以降、これを満州事変などとは別の戦争ととらえ、さらに新たな御府を造る計画があったらしい。一九三八（昭和十三）年の日本博物館協会「博物館ニュース」に「今事変の御府御造営」の見出しで次のようなことが書かれている。今事変とは支那事変＝日中戦争のことだ。

「畏《かしこ》き辺《あたり》におかせられては、東洋平和の尊い人柱として今事変に殉じた皇軍将兵の上に深き大御心を垂れされ給ひ篤く英霊を慰めさせられてゐるが、将兵の勲績を千載に伝へその忠烈を永く偲ばせ給ふ思召からこの度更に宮城内に今事変の御府を定め給ふこと丶なつた」

これまで振天府から顕忠府まで五つの御府が造られてきたことを述べ、「今度も支那事変並に張鼓峰事件に関して陸海軍将兵軍属の全戦没者氏名写真記念品等を蒐集せしめらる丶趣で、御府の建物は新に御造営遊ばさる丶やに洩れ承る」としている。

同年十二月十六日付けで松平恒雄宮内大臣から近衛文麿首相に宛てた事変戦没者の写真の収集を依頼する文書がある。

「写真の蒐集は容易ならざる次第にして時期遅延するに於《おい》ては資料散逸の虞《おそれ》あるべく今より適当の措置を講ずるの要ありと被存候《ぞんぜられそうろう》」として、収集と整理の要項を示している。この要項を見ると、戦没将兵の写真がどのような形式で掲示されていたかわかる。

写真は不変色のものに複写統一す　其大さは満洲事変の例による
将官（勅任官）　キャビネ判
准士官（奉任官）以上　手札判
下士官（判任官）以下　名刺判
軍人、軍属以外のものは資格により右に準ず

そして写真の裏面に「所属又は勤務箇所」「官姓名（又は姓名）」「戦（病）死年月日」「戦（病）死地名」を註記することを指示している。

翌三九年八月二十四日には陸軍省から「御府献納品準備の件」とする通牒が出された。

「今次支那事変に関し思召を以て顕忠府を増築せられ左記事変関係の記念品を御収蔵あら

せらるることに内定の旨侍従武官府より通牒有之《これあり》しに付別紙に基き献納品の選定準備相成《あいなり》度《たく》通牒す」

収集すべき記念品として「支那事変戦病死者の写真」「戦病死者の姓名録（戦病死の地点、年月日、所属部隊号等を附記す）」「将兵の忠勇義烈を顕彰すへき兵器、装具其の他の記念品」「事変を記念すへき我軍使用の兵器、装具及鹵獲兵器等の参考品並に絵画、写真、記録等」を挙げている。

通牒では献納品の選定範囲として、支那事変＝日中戦争だけではなく、張鼓峰事件、ノモンハン事件も含めるよう指示されている。

靖国神社の合祀者は満州事変以降、多い年でも年に千数百人で推移してきたが、日中戦争勃発翌年の三八年から約一万八千人に急増。合祀のための春の臨時大祭を秋にも実施し、年二回にわけなければならなくなった。太平洋戦争開戦まで合祀者は年二万人を超え続ける。戦没者の写真と名簿だけでも顕忠府に納まりきれないのは明らかだった。

新たな御府の建設は一九四〇（昭和十五）年から二カ年計画で、顕忠府のすぐそばに新築されることになった。しかし、第六の御府は歴史上存在しない。その理由はこうである。「御府は御一代一御府と定められたので、新御府もさきの満洲、上海両事変の記念品を納められてある顕忠府の一部として御増築の形式ではあるが、今事変の重大性に鑑みさせられて、その計画は殆んど一御府に相当する程度のもので、約百坪の木造二階建となる模様である」（古川長男《ひさお》『御垂範』「忠烈御記念の御府御造営」一九四〇年）

明治には三つも造られた御府は、いつのまにか天皇一代で一つというルールが作られていたようだ。そのため増築という建前にしたが、事実上は六番目の御府といっていい。「第六の御府」は計画では一九四一（昭和十六）年に完成するはずだった。しかし、翌四二年九月二十三日の『昭和天皇実録』に次のような記述がある。

「この日、顕忠府を増築し、従来の満洲事変等の関係品に加え、支那事変の関係品を収納する御府とすることを御聴許になる」

このとき天皇が顕忠府の増築を許可したということは、それまで何も行われていなかったということだ。そして結局はこの増築も行われなかった可能性が高い。増築を計画したという資料はあるが、増築工事が完了したという記録がないのだ。

現存する顕忠府の近くには増築されたとみられる建物はない。取り壊されたという記録もない。戦前は皇居の航空写真を撮影することが禁止されていたため、御府の建物配置にはよくわからない部分があるのだが、太平洋戦争末期の一九四四年十二月に米軍機が皇居を撮影した航空写真がある（写真43）。その写真に顕忠府が写っているが、近くに増築されたとおぼしき建物は見あたらない。

写真 43　米軍による 1944 年 12 月 13 日の航空写真（米国公文書館所蔵：日本地図センター）

日中戦争の思わぬ長期化と太平洋戦争の「ドタバタ」により、増築計画は立ち消えとなったのではないだろうか。それは皇居内で日中戦争以降の戦没者を慰霊・顕彰することが、ついにできなかったことを意味する。

ただ、日中戦争以降の戦争記念品が行き所を失っていたのではなく、満州事変の記念品と一緒に顕忠府「本館」へ追加収納されていたとみられる記述が『昭和天皇実録』に出てくる。

「この日奉還された第百十四師団（今般復員完結の上解隊）隷下の歩兵第百二聯隊〔略〕の軍旗を御覧になる。なお、各軍旗は顕忠府に格納される」（一九三九〔昭和十四〕年九月十四日）

「陸軍大臣畑俊六に謁を賜い、去る八月下旬のノモンハン付近における戦闘に際し、軍旗を焼却した歩兵第六十四聯隊・同第七十一聯隊に対する軍旗の再親授につき、奏請を受けられる。なお後日、九月下旬に発見された歩兵第六十四聯隊旗の残片につき、顕忠府において保存されたき旨の陸軍よりの願い出を受けられ、御聴許になる」（同年十月十六日）

†顕忠府の構造

顕忠府は「未完の御府」であるため、写真や資料がほとんど残っておらず、「未解明の御府」でもあるのだが、明治期と同様に拝観記がいくつか公表されている。戦争への国民動員の宣伝装置として利用価値が高まっていたからだろう。これら拝観記によって、顕忠府の内部をある程度知ることができる。

早い時期としては拝観解禁翌年一九三八（昭和十三）年五月の拝観の模様が『全国大社詣』（小川勇著、出版は一九四四年）という随筆に掲載されている。

「青い芝生の庭の周囲に数棟の建物があつて、其《その》中の最も新しい二階建が顕忠府である」というところから描写が始まる。拝観者は中庭に整列して侍従武官の説明を受ける。建物の二階外正面に「顕忠府」の扁額が掲げられていた。一同はスリッパに履き替えて顕忠府のなかへ入る。

「先《ま》づ二階に導かれたが、此処《ここ》には満洲事変、上海事変を初め、昭和の御代になつてから起つた事変に於《おい》て殉国したもので、靖国神社へ合祀せられた人々の写真が保存せられて居るが、将校階級の写真は四面の壁に高く額縁附で掲掲《ママ》せられて居り、下士以下の階級に属するものゝ写真は特製の立派な写真帳に師団其《その》他所属別に貼りつけて硝子張りの陳列台の中に配列してある」

見学順路はまず二階からだったようだ。全戦没者の写真を集めたといっても、将校以上とその他の兵士とは陳列に差をつけていたことがわかる。第一次上海事変後の爆弾テロで殉職した白川義則陸軍大将の写真額は大型で一段高いところに掲げられていた。拝観者は一階へと移動する。

「階下には陸海軍の戦利品を初め、我が将兵戦病死者の遺言状、遺品等にて特に拝観者の心を打つ様な品々が沢山《たくさん》に陳列せられて一々其《その》由来が附記してある。例へば満洲事変勃発の因を成したる柳条溝〔湖〕附近の鉄道の曲つたレールと枕木及び其場に落ちて居たと云ふ支那兵の軍帽も陳列してあれば、又上海で爆弾に見舞はれ、百〇八《〔ママ〕》の弾跟《〔ママ〕》を残して居ると云ふ白川大将の軍帽、軍服も其儘《そのまま》陳列してあつた」

関東軍が自作自演で爆破した柳条湖の満鉄線のレールと枕木が御府に献納されていたのだ。現在から見れば、戦勝の記念品というより謀略の証拠品である。

拝観者一同は砲舎の飛行機、戦車、大砲なども見学し、約一時間半で拝観を終えた。拝観後には顕忠府の額の刷り物と恩賜の煙草が配られたという。筆者の小川勇は拝観後の思いを次のように記している。

「苟《いや》しくも殉国した者に対しては其《その》霊は神として靖国神社へ合祀せらるゝのみならず、一々生前の写真を一室に保存し随時陛下親しく玉歩を其《その》室に御運び遊されて、写真の傍《そば》に附記してある説明と引合はせて其《その》者の勲功を嘉《よみ》し給ふと云ふ真に勿体《もつたい》ない事実を拝聞し、此でこそ吾々日本国民は国に殉ぜんとする際、必ず天皇陛下万歳を絶叫して死ぬ事が出来るわけであると痛感した」

御府において天皇が「親しく」戦没者を追悼しているという説話に対するありがたさを語る点では明治期の拝観記と同じだ。しかし、この御府の存在があればこそ国民は「天皇陛下万歳」と叫んで死ねるのだ、という方向に結びつけるところは、昭和特有のファナティックな感想である。

もう一つ別の拝観記で顕忠府内の様子を見てみよう。太平洋戦争終戦の年、一九四五(昭和二十)年刊行の藤井猪勢治『絶忠の武人』という本に、時期は不明だが顕忠府を拝観した人物の手記が掲載されている。

「吹上御苑の一角、振天府と建安府との中間広場の一隅に、木の香新しき総檜二階建、宮殿作りの建物は、まさに荘厳極りなく」と外観を描写。顕忠府の「階下の陳列室は、向つて右半部が海軍関係、左半部が陸軍関係で、陳列台が二列に整置されて」いたという。

「戦死者の遺品等は、その数百八十五点に達し、あるひは鮮血に塗れ、あるひは敵弾によつて損傷した軍服、軍帽、鉄兜、拳銃、軍刀、銃、銃剣、装具はもとより、さては私物、書翰の類に到るまで、一として当時の奮戦の状を物語らざるものなく、不知不識《しらずしらず》のうちに、襟を正さしむるものがある」

個々の記念品の記述も具体的だ。「大小無数の爆弾片を被つた白川大将の軍服」「熱河作戦で勇名を轟《とどろ》かした池上中尉の髑髏《どくろ》旗」「興安嶺作戦の装甲列車長荒木中尉の軍服」「馬占山討伐に奮戦した富岡上等兵が、日常懐中せる血染の勅諭写」「爆弾三勇士の遺品」といったものである。

戦没者の写真、名簿が置かれている二階の描写はこうだ。

「四囲の壁面には下士官以上の写真を掲げ、中央の陳列台には同じく下士官兵の写真帳および全戦病死者の名簿を安置、その総計実に五千八百二名に達し、而《しか》も一兵卒に到るまでの写真を、悉《ことごと》く九重の雲深き顕忠府に、御収蔵遊ばさるゝ」

戦没者の総計が約五千八百人ということは、満州事変・第一次上海事変のころまでの名簿だろう。日中戦争以降ではとてもこの数字では収まらない。

†顕忠府拝観者は約二万人

一九四一（昭和十六）年十二月八日、ついに太平洋戦争が開戦する。日中戦争の記念品・戦利品、戦没者の写真・名簿収蔵のための増築も手つかずのまま、翌年から太平洋戦争の記念品なども顕忠府に納める準備が始められる。これほど多くの戦役の記念品が詰め込まれた御府はほかにない。

四二（同十七）年六月二十四日、宮内大臣から東条英機首相宛に次の要請文書が出された。
「今次大東亜戦争に於《お》ける戦病死将兵其他の写真は御府に御収蔵の御内意あらせられ候条之《これ》が蒐集方可然《しかるべく》御取計《おとりはからい》相煩《あいわずらわ》度《したし》」

　太平洋戦争の期間中、戦没将兵の写真収集が実際にどれほど進んだか不明だが、収集の通達は終戦まで生き続けた。戦争の裏面でこのような作業が行われていたことはほとんど知られていない。

「表2　靖国神社戦没者遺族の御府拝観年表」を見ると、靖国遺族の拝観御府は四二年秋からすべて顕忠府になっている。四三（同十八）年春からは拝観者の数は約二万人となり、六日間にわたって拝観した。

　顕忠府拝観のため皇居・乾門から入場する遺族の写真が何枚か残っている（写真44、45）。通常、御府拝観者は御府エリアに近い皇居東側の坂下門か、西側の半蔵門から入場していた。御府からもっとも遠い北の端の乾門から入場していたということは、同門の七百メートルほど北西にある靖国神社から、参拝を終えた遺族がその足で皇居を訪れていたからだろう。

「一身を大君に捧げまつることは、もとより私ども臣民の本分である。更に、武人として戦場の華《はな》と散ることは、この上ない栄誉といはなければならない。しかも皇恩のありがた

写真44(上)、写真45(下)　皇居・乾門から顕忠府拝観のため入場する戦没者遺族（写真44は1938年、写真45は1940年。『靖國神社臨時大祭記念写真帖』國學院大學研究開発推進機構研究開発推進センターのホームページ「招魂と慰霊の系譜に関する基礎的研究」より）

さ、臣子の霊を神として靖国神社にまつらせたまひ、その遺影をさへ、高く御府に掲げたまうてゐるのである。この事を思ふ時、私どもは、たゞ感涙にむせぶほか、全く言ふべきすべを知らない」(一九四四年の高等科修身教科書)

天皇のために死ぬことが栄誉であるとかつてないほど強調されたアジア・太平洋戦争期、戦没者の霊は靖国神社に祀られ、遺影は御府に納められることがその栄誉の裏付けだと教育されていた。御府は靖国神社とセットで国民を戦争へ動員する装置になった。

ただ、靖国神社ほど広く一般に公開されてきた歴史がないため、国民にはどうしてもなじみが薄く、慰霊・顕彰施設として人々の意識に深く浸透していたとはいえない。

「世には殉国の士が、靖国神社に合祀せらるるを知らないものはないが、宮中の奥深く、二社合祀の栄誉を荷ふことを、知らないものが多いのを懼《おそ》るゝものである。これは独り戦病死者およびその遺族のみの栄誉ではない。実にわれわれ軍務を奉ずるものの光栄である。われわれは軍人として、数々の聖恩に浴してゐる上に、さらにかゝる栄誉を荷へる次第を思ひ、いよいよ粉骨砕身、奉公の一念を固むべきである」(『絶忠の武人』)

靖国と御府の「二社合祀」により、軍は戦没者の慰霊・顕彰効果の増幅を図った。その観念が根付いたとは思えないが、御府はこの時期、まぎれもなく靖国神社と一体となった英霊の顕彰施設「皇居の靖国」となっていた。

第五章
封印された過去――歴史の宝庫として残った戦後

†敗戦

太平洋戦争が始まって以降も御府の拝観に大きな変化はない。宮内省省報などをもとに作成した第三章の「表1　御府拝観件数」を見ると、開戦の年の一九四一（昭和十六）年は二十六件。なぜか顕忠府拝観がゼロだが、省報に記載されていない拝観が侍従武官の日誌に書かれているケースもあるので、省報の記載漏れということもありえる。

翌四二年には顕忠府拝観は復活し、年間拝観件数は三十九件にはね上がった。昭和期では日中戦争勃発の三七（同十二）年の四十四件に次ぐ件数で、太平洋戦争緒戦の連勝に沸いた世論と無関係ではないだろう。

一九四三（昭和十八）年は顕忠府の拝観は十七件、年間の各御府の総拝観件数は二十九件。戦局が逼迫してくる四四年は十五件に激減するが、拝観は中止になっていない。四五年は省報が作成されておらず、拝観件数は確認できない。

同年から東京への空襲が本格化するので、御府拝観どころではなかったとも推測される。しかし、この年の四月の靖国神社臨時大祭で約四万千三百人が合祀されており、天皇も参拝していることから、遺族の御府拝観も続けられていた可能性もある。

太平洋戦争以降の御府に関する資料は少ない。通常、御府は記念する戦役が終結したあとに造営されるものだが、太平洋戦争の終結は軍の解体と、国家と天皇のために戦没した将兵らを顕彰する価値観の大転換をもたらしたため、記録が整理、保存されていないのは無理もない。

むしろ御府は軍国主義を象徴する「忌むべき」「忘れられるべき」存在となり、関係資料が廃棄されたのかもしれない。ただ、日清戦争から満州事変にいたる、太平洋戦争より前の御府関係の資料はある程度残っている。日中戦争を含むアジア太平洋戦争の御府資料がほとんどないのは、この戦争が戦勝で完結しなかったからだろう。

継続中の戦争（日中・太平洋戦争）の記念品・戦利品、戦没者の写真・名簿収集などは

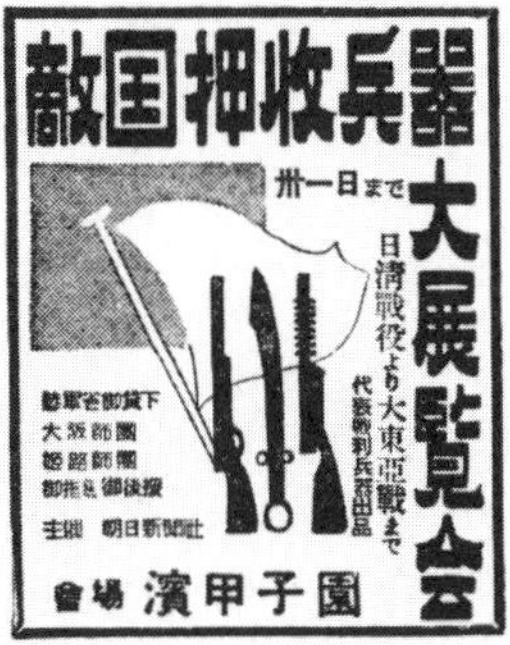

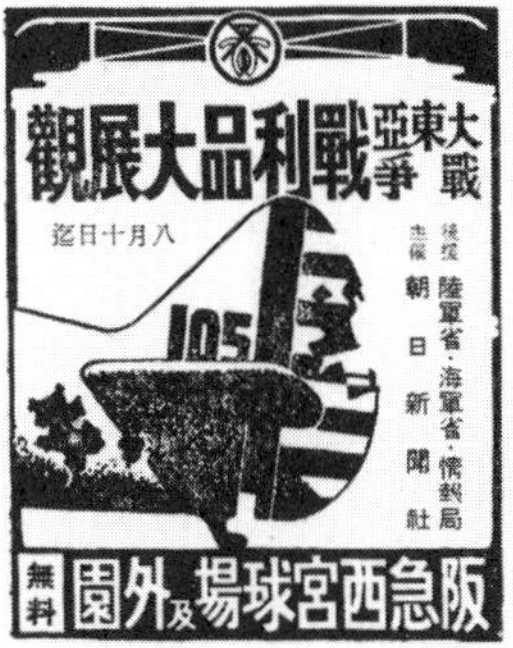

写真46、写真47　戦利品展覧会を伝える新聞広告（朝日新聞大阪本社廣告部編『第二回翼賛廣告研究会作品集』昭17、より。国立国会図書館蔵）

未完のままだったが、一般社会では戦意高揚のための戦利品展覧会が頻繁に開催されていた（写真46、47の新聞広告）。敵から奪い取った戦利品は「勝っている証拠品」だった。

過去の戦勝を顕彰する御府は「今回も必ず勝つ」ことを保証する重要な「アイテム」であり、戦局が悪化しても、その存在の喧伝と拝観は積極的に進められるべきものであった。

一九四五（昭和二十）年三月十日の東京大空襲を機に米軍は無差別の都市爆撃に戦術を転換。日本全土が焼け野原となり、日本軍の建軍以来の無敗神話の崩壊は目前であった。皇居は米国側の政治的な意図で爆撃対象から外されていたが、周辺の火災による「もらい火」により、同年五月二十五日に明治宮殿が全焼した。

御府は不思議と無傷だった。御府およびその周辺の建物が空襲で焼失したという記録はない。ごくわずかな被害としては、昭和末期に侍従長を務めた徳川義寛《よしひろ》が次のように書き残している。

「昭和二十年四月十三日(金)の夜から翌十四日の払暁にかけての空襲により、宮城内に焼夷弾が投下され、大きな被害があった。御府のうち惇明府の一部と、賢所仮殿御羽車舎《かりでんおはぐるましや》と賢所参集所《さんしゆうしよ》とが焼失した」(『徳川義寛終戦日記』一九九九年)

このときの空襲では皇居の大手門、貞明皇后の住む赤坂の大宮御所の一部が焼けたほか、皇族の山階宮邸や明治神宮の本殿と拝殿が全焼した。

そして同年八月十四日、昭和天皇の「聖断」により日本政府はポツダム宣言の受諾を決定。戦争は敗北に終わった。

同日、陸軍大臣名で「御真影、勅諭、軍旗等ノ御処理ニ関スル件」(陸機密第三六二号)が発せられ、全軍に軍旗の一斉焼却が命じられた。

「大命に依《よ》り全面的休戦等あらば、御真影、勅諭、軍旗及其《その》他御紋章、御真筆は夫々《それぞれ》奉戴(奉安)部隊長は現地に於《お》いて奉還するの精神を以《もっ》て機を失せず奉焼すべし」

振天府には台湾守備隊の軍旗六旒《りゅう》、建安府には「五十余旒の軍旗」という記録がある。他の御府にどれだけの軍旗があったか、正確にはわからないが、皇居には奉還された軍旗が約九十旒あったといわれている。御府に収蔵されていた軍旗もこの命令に準じてすべて焼却されたとみられる。

敗戦とともに、明治以降の戦争の栄光と戦没者慰霊の品々は処分され、御府は廃止されるのだが、それは軍旗焼却ほど即座に進められたわけではない。御府の解体が始まるのは、二カ月半を過ぎた十月三十日だった。

「この日、宮内大臣より内閣総理大臣・陸軍大臣・海軍大臣・外務大臣に対し、御府御収納のため予《かね》てより蒐集中の支那事変並びに大東亜戦争において戦病死した将兵その他の写真については、今般終戦により蒐集を中止すべき旨を通牒する」（『昭和天皇実録』）

南方での悲惨な戦いでは、戦病死者がどこでどのように死んだかもわからない状況だった。戦没者名簿すら作成できていなかった。写真収集は名目上の指令で、すでに戦時中には実施不能になっていただろう。

写真の収集中止の正式通牒は、御府での戦没者慰霊と顕彰をやめるということを意味する。遺影が安置され、そこに親しく足を運ぶ天皇が慰霊してくれるからこそ、兵士たちは「天皇陛下万歳」と叫んで死ねる、といわれた御府。

その「ありがたさ」を認識していた兵士はほとんどいなかったとみられるが（彼らの意識にあった慰霊・顕彰施設は靖国神社だった）、御府は発祥の根源的意義であった戦没者の慰霊を放棄した。戦没者の写真なき御府は霊的性格を失い、単なる倉庫になる。

その戦没者の写真はどうなったのか。ゴミのように捨てられたとも思えない。軍旗のように焼却されたのか。宮内大臣からの写真収集中止の通牒を受け、十一月九日に陸軍省は「御府献納写真蒐集中止ニ関スル件」（陸普第二一九三号）という通牒を出した。そのなかで次のように指示されている。

「追て既に蒐集せるもの及本省より返送せるものは速かに遺族に返戻方取計はれ度《たく》中添ふ」

遺族に返せといっても、明治以降の各戦役で集められた戦没者の写真すべてを返却するのは戦後の混乱期では不可能だっただろう。

現在皇居に残っている御府の建物内に戦没者の写真はないという。宮内庁関係者に取材しても、遺影らしきものが皇居内のどこかに保管されているという話は出てこなかった。陸軍の通牒で指示されたように、一部は遺族に返却されたのかもしれない。しかし、大部分の写真がどのように処分されたのかを記録した資料はない。

写真とともに慰霊・顕彰の重要な物品であった戦没者名簿はどうなったのだろう。遺族ごとに返すということはできないので、御府とは別の場所に移されたか、処分されたかであろう。これに関しても記録がなく、宮内庁も写真同様「まったくわからない」としている。

御府は侍従武官府＝軍の管理であったので、軍旗と同時に写真と名簿も焼却されたとも考えられる。

†御府の葬送

御府に収蔵されていた膨大な戦利品・記念品はどうなったか。これらは「輝ける戦勝」における「栄光の記念品」であったが、敗戦によって「略奪品」に一転する。連合国最高司令部（GHQ）は日本の非軍国主義化を進めるため、全国にある戦利品の一掃を日本政府に指示した。

一九四五年九月、政府は「武器引渡命令ニ対スル学徒教錬用銃兵器処理ニ関スル件」を地方長官に通牒し、各学校が保管している銃砲・刀剣などを所轄の警察に提出するように命じた（前出「正眼寺所蔵清軍『戦衣』の研究」）

第一章で述べたように、各戦役で得られた戦利品は日本全国の学校、社寺に分配、展示されていた。翌四六（昭和二十一）年四月十九日、GHQは「掠奪品の押収及報告に関する覚書」を発した。

これを受けて翌五月八日、「終戦事務連絡委員会連絡事項第一六五号」が通達される。「戦利品に関する報告要求の指令（終連報甲第三九三号）に関し関係者と連絡の結果、一九三七年七月七日以降の戦利品、掠奪品に就き提出する如く要求ありしを以て先日の打合せの際の地域に満洲国を加へられ度《た》い。尚各省管轄の地方機関に就ても調査し五月二十日迄《まで》に終連へ提出あり度《た》い」

GHQは提出すべき戦利品を一九三七（昭和十二）年七月七日勃発の日中戦争以降のものとしていたようだが、日本側で検討の結果、満州国での戦利品も加えることになったらしい。三一（同六）年九月十八日の満州事変までさかのぼって戦利品の処分が行われることになった。

終戦連絡中央事務局は五月十日には「一般民間のものに関しては内務省において、官庁関係のものについてはそれぞれの官庁において之〔戦利品押収〕を行ひ、その結果を終戦連絡中央事務局でまとめることとなった」と各所に連絡している。

この「略奪品押収指令」は当然、戦利品の「宝庫」である御府にも及んだ。

『昭和天皇実録』によると、GHQの覚書からほぼ一カ月後の四六年五月十六日に御府は廃止された。一八九六（明治二十九）年十月の振天府造営から五十年、御府はその歴史の幕を閉じた。それは日本陸海軍の「栄光の歴史」が半世紀であったことも意味している。

『実録』は「収蔵の兵器類については同月二十八日及び六月十七日、進駐軍将校による検分が行われた。以後、兵器類は日本鋼管株式会社川崎工場において鎔解作業が行われる」と記している。

GHQの押収指令対象の略奪品（戦利品）は昭和の戦争以降のもので、顕忠府の収蔵品のみでよいはずだった。しかし、『実録』は御府そのものが廃止されたと書いているので、処理された兵器類は全御府所蔵のものであろう。

「これらの一連の措置〔GHQ指令による戦利品処分〕によって、わが国の学校・神社・寺院などが、敗戦後もひきつづき「戦利品」を所持することは完全に困難となった。また「民主化」と戦前・戦中の学校教育の全面否定・「軍国主義的遺物一掃」の新しい時代潮流のなかで、日清戦争以来の「戦利品」は過去の日本のいまわしい遺物として国民からほとんど顧みられなくなった」（「正眼寺所蔵清軍「戦衣」の研究」）

昭和天皇の戦争責任はデリケートな問題だった。天皇を戦争責任から切り離すため、天皇＝平和主義者というイメージ作りが行われていく。「軍国主義的遺物」である御府が皇居のなかに残留していることは不都合なことだった。明治以降の戦利品・記念品を含めて、すべては消去されねばならなかったのだ。

「朕が将士の血を蹀《ふ》み屍《しかばね》に枕し万艱《ばんかん》報効の致す所なれば之を後世に伝えざる可からず」と明治天皇が命じた戦利品・記念品の数々は、昭和天皇を守るためにこの世から消された。

一九四六年七月四日、昭和天皇は御府に足を運ぶ。記録上最後の御府行幸だった。「午後、御府前庭にお出ましになり、日本鋼管株式会社社長渡辺政人より説明を受けられつつ、御府の兵器処理・搬出の様子を御覧になる」（『昭和天皇実録』）

天皇臨御による「御府の葬送」のようでもある。

収蔵品の一部は処分されず、中国に返還され、アメリカが持ち帰ったという話もあるが、明確な記録はない。現在御府の建物は無傷で残っているものの、宮内庁によると、かつての収蔵品はいっさい残されていないという。

『昭和天皇実録』の御府に関する記述はここで終わる。各種資料を渉猟しても、廃止以降の御府に関するものは出てこない。ただ、十年後の一九五六（昭和三十一）年十一月二十三日の『実録』に、御府がひょんな形で登場する。

†戦後の御府

「午後から深更にかけて新嘗祭を行われる。なおこの日の祭典では、参列者の参集所として、旧御府を移築して新たに完成した賢所参集所が用いられる」

賢所参集所は先に引用した徳川日記によると、一九四五年四月十三日から十四日にかけての空襲で焼失した。その代用として御府の建物を使ったようだが、『実録』の記述は少し舌足らずで誤解を与える。

「旧御府を移築」というが、振天府から顕忠府までの御府は現在もそのまま残っている。移築されたのは御府そのものではなく、付属する建物だったのだろう。建物の大きさ、形からすると、建安府の東側にあった砲舎が使われた可能性が高い（序章の「図1 御府エリア図」参照）。

その根拠は国土地理院がネットで公開している東京各地の航空写真だ。これを見ると、皇居内の建物の変遷を確認することができる。写真は戦後ほぼ五年ごとに撮影されており、一九四五―五〇年の写真では建安府東側の砲舎が存在する。ところが六一―六四年の写真では建物がなくなっており、空き地となった部分が白っぽく写っている。

航空写真というと、前章で一九四四年十二月に米軍機が皇居を撮影したもの（写真43）があり、戦中の御府の様子を知る手掛かりになることを紹介した。この写真で顕忠府が増築されていなかったことがわかったが、もう一つ重要な事実が明らかになっている。

思い出していただきたい。あの「流転の御府」懐遠府だ。米軍の航空写真には建安府、惇明府、顕忠府の屋根が写っている（振天府は樹木に覆われて見えない）が、懐遠府らしき建物はない。

振天府の次に造営された懐遠府の建物が一九一〇（明治四十三）年に建安府になった。

収蔵品は一二（大正元）年末に吹上御苑の北地区に再建された諏訪の茶屋に収められることになり、これが新たな懐遠府とされた。しかし、二八（昭和三）年の昭和天皇の即位礼を祝う茶屋が献上されたことで解体され、翌年に花蔭亭が建築された。

懐遠府は建安府近くに再建されたという資料と建安府内に収蔵品だけ収められたとする資料があり、事実が不明確だった。米軍の航空写真で懐遠府が再建されておらず、建安府に吸収されていたことがはっきりした。

一九二八年以来、「宿無し」となって事実上消滅した懐遠府の建物は数奇な巡り合わせで四十年後に復活する。六八（昭和四十三）年十月に皇居・東御苑が一般公開されることになり、庭園整備にともなって、あの諏訪の茶屋が東御苑の二の丸地区に再建されたのだ。

開園の二カ月半ほど前の新聞記事に諏訪の茶屋の由来が紹介されている。

「『諏訪の茶屋』は、御府の一つとして『懐遠府』と改められた。御府は戦争記念館で、その戦いで戦死した人の名前や写真など記念品を収容した建て物。日清戦争を記念した『振天府』、日露戦争の『建安府』などがあるが、『懐遠府』は、明治三十三年の北清事変の記念館。昭和四年に宮中三殿の西側に移され、その後の移転ですっかり解体されて、江戸時代の茶屋とは違うものが建てられた。それを二の丸庭園の整備で、ここへ移してきたのである」（一九六八年七月二十日、産経新聞夕刊）

宮中三殿の西側に移されたというのは、収蔵品が一時的にこの場所に保管されていたということか。解体された諏訪の茶屋＝懐遠府は、流転の末に現在唯一見学することができる御府となった。

この産経新聞の記事は戦後に御府について触れた数少ないものの一つだ。同じ産経新聞が一九六一（昭和三十六）年七月二日の夕刊にも御府に関する記事を掲載している。皇居内の様々な施設を紹介する長期連載のなかの一回として振天府が取り上げられた。記事はこう書き出している。

「皇居には「御府」とよばれる建物が、五つある。振天府、懐遠府、建安府、惇明府、顕忠府がこれだ。戦後のいまでこそ、若いひとたちにはピンとこないが、戦争中まで、皇居でいちばん国民のこころに近かったのは、あるいはこの御府であったかもしれない」

戦後十六年。戦時中に成人だった人々にとって遠い昔ではない。この記事は戦前の国民の「こころ」に御府が深く浸透していた、という。

記事は振天府が明治天皇の「発案」で造られ、「天皇はたびたびここにおでかけになり、記念品をごらんになっては、わが国が近代国家になって最初の大戦争である日清役の労苦をしのばれた」と、戦前の「聖徳神話」をそのまま踏襲している。

記事とともに振天府を正面間近から撮影した大きな写真が掲載されている。現在とはちがって取材が許可されていたようだ。「すこし荒れているように見うけられた」という実見した記者の感想が述べられている。ただ、内部の描写がないことから、外観を見るだけの取材だったようだ。

「御府の記念品は、敗戦により連合国軍から撤去を命ぜられたので、いまはなにものこっていない。しかし振天府の西がわには、ふとい船のマストや、中国の地名などをきざんだ石などが、まだのこされてある」

記事は御府が物置として使われていることに触れて結ばれている。御府の成り立ちについて深く調べ、考察した印象はなく、「皇居のなかのめずらしい建物を探訪した」という域にとどまっている。

御府は五つ（実際はこの時期に懐遠府は再建されておらず、四つだった）あるにもかかわらず、振天府だけを取り上げたのはなぜなのか。おそらく宮内庁が振天府しか取材を許可しなかったのだろう。

昭和の戦争を記念した顕忠府は、この時代ではまだ生々しすぎる。この時期に在位している昭和天皇と戦争を直結させる施設だ。もっとも遠い明治期の戦争の御府・振天府なら、天皇との関係が薄められると判断したのではないだろうか。記事はその点については何も言及していない。

戦後の昭和時代に御府について触れた記事は、筆者の調べた範囲では先の東御苑開園時に懐遠府＝諏訪の茶屋が再建されたものと、この探訪記事だけである。

戦利品収蔵と戦没者を慰霊・顕彰することによって御府が担っていた国家と皇室からの恩恵を「宣伝する装置」としての役割には着目されていない。それどころか「忌むべき軍国主義の遺物」として隠されてきた施設という受けとめも感じられず、素朴に「知られざる建物の探訪」という記事になっている。

御府は戦後、意図的に隠されてきたというよりも、日本人の脳裏から自然消滅したといえるだろう。

昭和から平成に代替わりして間もなく、御府が新聞紙上に再登場する。その記事は戦後の御府について意外な事実を明らかにしていた。

一九八九（平成元）年六月二十一日の北海道新聞夕刊に掲載された「皇居に「昭和の正倉院」――故天皇の美術品、国に寄贈の1万点」という記事だ。

昭和天皇の美術品、工芸品などの遺産整理を進めている宮内庁が、一般の人も鑑賞できる展示設備を兼ねた正倉院なみの収蔵庫を皇居内に建設することを計画している。その建設場所として、御府が集まっているエリアの空き地が候補の一つとなっていた、という内容だ。

しかし、御府エリアは一般の立ち入りを認めていない場所なので、展示施設の建設は無理と判断される。この構想は一九九三（平成五）年に東御苑内に開館した三の丸尚蔵館として結実することになる。

この記事の最後にさらりと触れられている部分が目を引く。

「吹上御所、宮殿、生物学御研究所などに収められている昭和天皇の数万冊に及ぶ蔵書については、相続対象物として金銭評価した後、当面「御府」内に整理して収める方針で、その後施設などへ寄贈する措置を取る、とみられる」

御府は戦後、倉庫として使われてきたが、昭和天皇の没後、その膨大な蔵書の保管庫となっていたらしい。

†御府の戦利品で火がついた中韓の歴史論争

昭和の終焉から十七年が経過した二〇〇六（平成十八）年五月二十八日、朝日新聞の朝刊に御府が思わぬ形で取り上げられた。「「渤海《ぼっかい》国の石碑に注目」　旧日本軍「戦利品」、皇居に1世紀」という記事だ。

「皇居の中に、中国から運ばれた一つの石碑が眠っている」と始まる記事は、石碑が七―十世紀に旧満州から朝鮮半島北部、ロシアの沿海地方にあたる地にあった「渤海国」と唐の関係を示す歴史史料で、日露戦争のあと戦利品として日本へ持ち出された、と伝える。そして、中国の研究者らから、この碑の公開や返還を求める声が出始めているとしている。

この石碑とは、第二章で紹介した「鴻臚《こうろ》井碑《せいひ》」のことだ（第二章の写真25）。日本軍が旅順から持ち帰り、建安府本館東側の「唐碑亭《とうひてい》」という石亭のなかに置かれていた。

記事は石碑が横三メートル、高さ一・八メートルで、七一三年に唐が渤海国の国王に「渤海郡王」の位を授け、唐と渤海国が君臣関係を結んだことを記していると紹介。「宮内庁によると、石碑は現在も「国有財産」として皇居内の吹上御苑で保管されている」などと書かれている。

この報道に中国、韓国の新聞が即座に反応。鴻臚井碑の存在について報じ始めた。ただ、中韓の報道のスタンスはかなり違っていた。六月二日の中国の新華社ニュースは、二〇〇四年に設立された「中華社会文化発展基金会鴻臚井碑研究会」が「ずっと日本側との交流を積極的かつ控えめに進めてきた」として、声高に返還を求めていない。

一方、五月三十一日の朝鮮日報は、石碑が中国へ返還されることに対して後ろ向き、というよりも警戒する記事を掲載した。

「石碑に記された内容自体は新しいものではまったくない。唐が渤海王を『冊封』したという内容は、前近代東アジアの外交秩序である「朝貢・冊封制度」における通常の関係であり、学会では常識に属することだ。それなのに、「渤海が唐の地方政権であったことを立証する遺物」だと今さらのように詭弁をろうする中国側の意図は明らかだ」

中韓には「高句麗論争」という歴史問題がある。高句麗は韓民族の国家だと主張する韓国に対し、中国は「中国の地方政権」との立場で論争を続けている。渤海は高句麗の流れをくむといわれる国家で、その国が中国の「属国」であったことを記している石碑は、「高句麗＝中国の一部説」を裏付ける物的証拠となりえる。

御府のそばで百年近く眠っていた戦利品が、突如中韓論争に火をつけることになった。ただ、石碑に記されている文面はこれまでの研究ですべて判明しており、石碑の返還で歴史の解釈が大きく変わるわけではなかった。中国の報道が返還にそれほどこだわっていないのはそのためだろう。中国側にも具体的な返還要求の動きはなく、問題は立ち消えとなった。

ところが八年後の二〇一四年八月、石碑問題が突如再燃する。中国国内で民間団体「中国民間対日賠償請求連合会」が日本政府に石碑の返還を求める書簡を送ったと報じられたのだ。

この団体は中国人労働者の強制連行問題など日中戦争に関する民間の賠償請求を支援していた。日本の保守メディアでは「反日運動の新たな手口か」と反発する報道もなされた。

二〇一四年十二月、同会のメンバー三人が来日し、天皇誕生日の二十三日に皇居を訪問。「警備員」に鴻臚井碑返還要請に関する書簡を手渡したとされる。

中国での報道によると、翌二〇一五年六月、連合会は北京市高級人民法院に日本政府と宮内庁に対して石碑の返還と謝罪、賠償を行うよう求める訴えを起こした。東京地裁と国際司法裁判所にも訴状を郵送したという。

宮内庁は提訴について「ノーコメント」を貫いている。あくまで民間団体の提訴で、中国政府は石碑に対して何ら動きを見せていない。宮内庁が御府の公開や取材に神経質なのは、この問題が影響していることは間違いない。

筆者は宮内庁に対して「外観を見るだけでいいから」と取材を申し込んだが断られた。終戦の「聖断」の場となった「御文庫附属室」など、皇居の歴史的施設の公開がどんどん進んでいるが、「ここだけは見せられない」という強い意思を感じた。

†御府の現在

実は一九九〇年代の半ばごろ、宮内庁は記者クラブに御府を見せたことがあった。オフレコが条件の内々の見学会だったという。筆者はこの時期に記者クラブに在籍しておらず、残念ながら参加していない。

当時の宮内庁職員は「記者会から要望があって見学会を行った。外側から見せただけで、内部は見ていない。当時は御府を説明できる人がいなくて困った。結局、報道室で資料を調べて説明した」と話す。戦後五十年が過ぎたころだが、宮内庁に御府を詳しく説明できる人はいなくなっていた。

「印象に残っているのは振天府の屋根に草が生えていたこと。古い建物だから手入れができていない。他の御府の瓦屋根はまあまあきれいだった。惇明府は宮内庁の用度課の物品倉庫として使っていた。宮殿東庭の石敷きの補修用の材料などがあり、資材置き場のような感じだった。大喪関係の物品もあった。通常は使われない大きめの物品が入れられている。他の御府には侍従職の物品、御物が入っていた。有光亭はよく覚えている。船のマストのような長い棒も。振天府のなかに入ったことがある。ここで明治天皇が遥拝していたと聞いた」

戦後の御府で気になるのは戦没者の写真と名簿の行方である。まだどこかに残っているのか、それとも処分されたのか。筆者は御府が廃止されて間もない時期に旧宮内省に在籍し、御府について何か知っているのではないかと思われる老齢のOBに取材を申し込んだ。しかし、「何も知らない。話すことはない」と断られた。会うことも拒否された。

しかたなく、昭和から平成にかけて宮内庁に在籍し、旧御府の建物内に入ったことがあるという OBに話を聞いていった。写真と名簿について何か関連する話が出てくるかもしれない。あるOBは次のように話してくれた。

「御府には昭和と平成時代に入ったことがある。どの御府だったか、いま思い出せない。なかは空っぽではなかった。食器や行事に使う道具類などがあった。棚のようなものもあった。古いものもあったが、戦後新しく入れたものもある。昭和天皇の蔵書については知らないが、本棚があり、大量の本があった。ああ、こういうものを保管しているのだと思った」

戦前の御府の写真を見せると、「建物はこんな感じだが、周囲の風景はかなり違っている。樹木や芝生など、写真のような日本庭園風ではない。木立や雑草が生い茂っている感じ」だという。

別のOBの話はこうだ。

「昭和の末ごろに国有財産管理の調査で御府に入ったことがある。どの御府だったか覚えていないが、大きな建物だった。当時は戦争の戦利品の倉庫だったとは聞いていたが、よくわかっていなかった。用度課が倉庫に使っていた。いまの職員はほとんど知らないのではないか。単なる倉庫だと思っているだろう」

建物内の印象を「天井が高くてだだっ広かったのを覚えている。がらんとした感じ。照明はなく、窓のようなものもなかったが、真っ暗ではない。どこからか光が差していて、薄暗かった」と話す。

石碑（おそらく鴻臚井碑）があったので、「これは何ですか」と聞くと、「皇居には関係ないものだ。朝鮮かどこかからとってきた戦利品だ」と説明されたという。

肖像写真や名簿については「そういうものはなかった。物品管理はいいかげんで、リストなどなかったようだ。終戦後、GHQがなかのものをかなりかっぱらっていったという説もある」と話していた。

用度課が倉庫に使っていたというので、同課に現状を聞いたところ、使っているのはやはり惇明府だとわかった。同課では「御用邸で使わなくなった家具や二〇〇〇年問題（同年を迎えるとき、コンピューターが誤作動するのではないかといわれた）の際に危機管理用で購入した水タンクなど、かさばって普段は使用しない物品を収蔵している。だから、あまり頻繁には使わない」と説明している。

旧御府は用度課だけではなく、侍従職も倉庫として使っている。

関係者に聞くと、「御府はたしかに侍従職の倉庫になっている。何が入っているかよくわからないが、大喪関係のものがあるようだ」と話してくれたが、「兵士の肖像写真と名簿の行方についてはわからない」という回答だった。

さらにOBに取材を重ねると、ちょっと驚く事実がわかった。あるOBによると、どの御府か覚えていないが、なかに昭和天皇の大喪の礼で使った葱花輦《そうかれん》が収納されていたという。

葱花輦は天皇の柩を載せる輿だ。柩を含めると総重量は一・五トンにもなる。昭和天皇の大喪の礼では、葬場の新宿御苑で装束姿の屈強な皇宮警察官約五十人が担ぎ、葬場殿まで約二百メートルを進んだ。

こういうものがどこに保管され、どこから出てきたのか。素朴な疑問すぎるのか、当時それについて触れた新聞記事はなかった。御府に置かれていたとは意外だった。

宮内庁職員、OBに話を聞いていくと、現在の御府の建物がどのように使われているか、断片的なことはわかった。けれども隔靴掻痒である。すべての建物が往時と同じ状態なのか。木造だけに、かなり朽ちているのではないか。瓦や窓、扉などは損壊していないか。そして、そもそも資料から推測される各御府の位置は正しいのか（戦前の御府エリアの地図は見つかっていない）。

これらを確かめるには、この目で御府を見なければならない。しかし、どう頼んでも宮内庁は御府エリアへの立ち入りを許してくれない。いろいろ手を尽くした結果、ある関係者が最近の御府の外観写真を持っていることがわかった。その関係者に写真を見せてもらい、撮影時の話を聞くことで、おおよその現状がわかった。ただ、写真を本書に使用することは断られた。

†よみがえった懐遠府

各御府は建物が大きく損壊しているものはなく、造営時の原形をとどめていた。百二十年ほど前に造られた振天府は、宮内庁OBの話のとおり、建物にツタのような雑草が絡みつき、屋根には雑草が生い茂っていた。壁はだいぶ古い感じだが朽ちてはいない。しかし、振天府の本館と西側の休所とをつなぐ渡り廊下は床が朽ちて落ちていた。休所の建物自体は外見からは損傷はない。休所北西側にある参考室は入口上の屋根に採光窓が見える。古びているが外見上損傷はない。

参考室の西側にある有光亭は柱などが頑丈そうでしっかりと建っている。床には枯れ葉がだいぶたまっていた。壁の石材に「威」の文字が見える。有光亭西側には狛犬像があった。周囲は枯れ葉でびっしり埋まっているような感じだ。

有光亭から北西に少し歩くと、最後の御府、顕忠府がある。写真資料がまったく残っておらず「謎の御府」だった。最後の御府だけに、実際に見た人の印象では各御府の中でもっとも新しく、きれいだったという。

二階建てで、入り口の屋根は他の御府のような唐破風ではなく、平らな瓦屋根。正面入り口前には五段の階段がある。扉は観音開きになっていて閉じられていた。屋根には雑草などはなく、瓦もしっかりしている。床下の通気口の仕切りが一部破損していた。窓はどれも完全に閉じていて、なかに日が差し込まない状態だったという。

顕忠府の北側には、かつては日本庭園だった空き地がある。いまは雑草が茂っている。その先に御府のなかでもっとも大きな建安府の建物がある。南面している建安府本館は二階建てで、二カ所ある入り口の立派な唐破風の屋根が重厚な印象を与える。二階にはガラス窓がある。正面の庭には大きな松が二本。周辺も松の木立に囲まれている。

本館と西側の参考室（右翼陳列所）を⼚型でつなぐ渡り廊下は振天府と違って壊れている部分はない。廊下は開放空間で、内側には低い欄干、壁に格子窓がある。参考室も二階建てで、入口は一つ。屋根は唐破風。向かって左手前に大きな松の木がある。

建安府本館の南東、顕忠府と向かい合うような場所に砲舎がある。南北横長の建物で、扉らしきものが五カ所。観音開きで、すべて開けると広い開放空間になるように造られている。

この砲舎の北側にはかつてもう一つの砲舎があった（おそらく賢所参集所として移築）。その場所は空き地のままだ。そして、その空き地の北端、建安府本館の東側には問題の鴻朧井碑の置かれている唐碑亭があった。

碑はただの大きな岩に見える。岩は石材の屋根の石亭で覆われている。四囲に補強用の鉄骨があり、石亭の屋根の下も鉄骨で補強されている。劣化した屋根が崩れそうになったため、補強したのだという。

建安府の西側には一つの建物としては最大の御府、惇明府がある。入り口は北東向きで、五段の石段がある。外観は寺の堂宇のようだ。周辺は雑草や樹木に覆われている。床下の一部が破損しているのか、ブルーシートで養生されていた。

以上が写真と撮影した人の話をもとにした御府エリアの建物の現状だ。もっとも新しい顕忠府で約八十年、それ以外は約百年かそれ以上の古い木造建築だが、予想以上に保存状態がよい感じだった。宮内庁によると、御府に関しては特別な管理はしておらず、建物は造営時のままだという。よほど上質の木材を使い、頑健に造られたのだろう。

そして唯一公開されている御府が懐遠府＝諏訪の茶屋だ。月、金曜日の休苑日以外は無料で入園できる東御苑の二の丸地区で見学できる（写真48）。ただし、内部には入れない。

建物は数奇屋風の書院茶室様式。案内板には「諏訪の茶屋は、江戸時代には吹上地区（現在御所等のある一帯）にありました。この建物は、明治45年に再建されたもので、明治期の茶屋風の建物として優雅な外観をもっているため、皇居東御苑の整備に当たりここ

写真48　懐遠府（諏訪の茶屋）の現在（著者撮影）

に移されました」と書かれているが、諏訪の茶屋が御府・懐遠府であったことには触れていない。

昭和天皇の遺品

この御府についての物語を書き終えようとしていたころ、御府にはいまだにとんでもない「宝」が隠されている可能性があることに気がついた。

きっかけは過去の新聞記事で御府に関して書かれたものがないか、再チェックしていて見つけた二〇〇五年十二月二十四日の朝日新聞夕刊のコラム「窓・論説委員室から」だった。

「昭和天皇の遺品」と題され、筆者は昭和・平成の代替わり期に宮内庁担当記者を務めていた清水建宇論説委員（当時）だった。

記事によると、昭和天皇が亡くなってから間もないころ、三人の元侍従が遺品の整理を始めたという。遺品は膨大な数に上ったが、そのなかでも最も多かったのが御府に所蔵されていた「6万点を超える書籍など」だった。これらは終戦の年の五月に空襲で明治宮殿が全焼した際、近衛兵らが火のなかをかいくぐって運び出したものだという。

目を引いたのは「1千冊余の写真アルバム」で、「陸軍や海軍の大臣、知事らから定期的に献上されたもの」だった。

「戦前、海軍大臣や陸軍大臣は天皇に報告するため宮殿へ参内《さんだい》した。アルバムは、説明の資料だったようだ。知事らからのアルバムも情勢報告のためのものらしい。

見た人の話だと、建造中の戦艦大和《せんかんやまと》や戦艦武蔵《むさし》、新型戦闘機の写真があった。戦地での兵士を写したものも多かった。知事からのアルバムには、各地の開拓団や軍需産業の様子などがとらえられていた」

元侍従の話では昭和天皇が摂政のころから敗戦直前までの二十五年間の写真で、全部で数万枚はあったという。清水氏は「整理は5年前〔二〇〇〇年〕に終わったが、遺品は今も御府の中だ。埋もれ続けたこの写真をぜひ展示してもらいたい」と書いている。

この秘話についてもう少し詳しく知りたくて、朝日新聞を退職してスペインのバルセロナに移住している清水氏に国際電話で話を聞いてみた。清水氏は「古い話でよく覚えていない点もあり、取材メモも日本に置いてきているので」といいながらも、次のように答えてくれた。

「平成になってから元侍従が整理したのだから、終戦時から昭和が終わるまでずっと御府のなかに昭和天皇関係の物品があったということだろう。戦艦のアルバムなんてすごい歴史資料だと思う。建造中の大和の写真もあったようだから。世に出れば評判になるだろうが、宮内庁は昭和天皇の戦前の歴史に関するものはそっとしておきたかったんじゃないかな」

戦艦大和は最高軍事機密であったため、写真はきわめて少ない。現在、日本でもっとも戦前の戦艦について詳しい専門家の一人である海軍史研究家で呉の大和ミュージアム館長の戸高一成氏にこの話をしたところ、「血圧が百くらい上昇した」と驚いた様子だった。「建造中の大和の写真などがあるとすれば、とてつもない歴史資料だ。昭和史、戦争史研究のためにはぜひとも公開してほしい」と話していた。

これらのほかに昭和天皇のどんな遺品があったのか。天皇の日記や手紙、晩年に入江相政侍従長に戦時中のことなどを聞き書きさせた「拝聴録」などが御府に納められていたとしたら——。

戦後は単なる倉庫になっていたと思われていた御府は、「昭和史の宝庫」に姿を変えていたことになる。

この「戦争アルバム」などが所蔵されているか、宮内庁書陵部に問い合わせたが「ない」という返事だった。昭和天皇の遺品はかつての住まいだった吹上御所にも保管されている可能性があるが、蔵書やアルバムはいまも御府のなかにあるとみられる。

戦艦など兵器類の写真アルバムを廃棄せずに保管していたのだから、戦没将兵の遺影や名簿も戦後に処分されず、御府のどこかに収蔵されているかもしれない。

御府は戦後間もなく廃止された。だが、存在自体が消滅したわけではなく、歴史の収蔵庫として姿を変え、長い眠りについているだけなのかもしれない。

ちくま新書
1271

天皇《てんのう》の戦争宝庫《せんそうほうこ》
——知《し》られざる皇居《こうきょ》の靖国《やすくに》「御府《ぎょふ》」

二〇一七年八月一〇日　第一刷発行

著者　井上亮（いのうえ・まこと）
発行者　山野浩一
発行所　株式会社筑摩書房
東京都台東区蔵前二-五-三　郵便番号一一一-八七五五
振替〇〇一六〇-八-四一二三
装幀者　間村俊一
印刷・製本　株式会社精興社

〒三三一-八五〇七　さいたま市北区櫛引町二-六〇四
筑摩書房サービスセンター　電話〇四八-六五一-〇〇五三

ISBN978-4-480-06975-7 C0221

ちくま新書

532
靖国問題
高橋哲哉
戦後六十年を経て、なお問題でありつづける「靖国」を、具体的な歴史の場から見直し、それが「国家」の装置としていかなる役割を担ってきたのかを明らかにする。

946
日本思想史新論
――プラグマティズムからナショナリズムへ
中野剛志
日本には秘められた実学の系譜があった。『ＴＰＰ亡国論』で話題の著者が、伊藤仁斎、荻生徂徠、会沢正志斎、福沢諭吉の思想に、日本の危機を克服する戦略を探る。

1000
生権力の思想
――事件から読み解く現代社会の転換
大澤真幸
我々の生を取り巻く不可視の権力のメカニズムとはいかなるものか。ユダヤ人虐殺やオウム、宮崎勤の犯罪など象徴的事象から、現代における知の転換を読み解く。

1017
ナショナリズムの復権
先崎彰容
現代人の精神構造は、ナショナリズムとは無縁たりえない。アーレント、吉本隆明、江藤淳、丸山眞男らの名著から国家とは何かを考え、戦後日本の精神史を読み解く。

1099
日本思想全史
清水正之
外来の宗教や哲学を受け入れ続けてきた日本人。その根底に流れる思想とは何か。古代から現代まで、この国のものの考え方のすべてがわかる、初めての本格的通史。

1146
戦後入門
加藤典洋
日本はなぜ「戦後」を終わらせられないのか。その核心にある「対米従属」「ねじれ」の問題の起源を世界戦争に探り、憲法九条の平和原則の強化による打開案を示す。

1183
現代思想史入門
船木亨
ポストモダン思想は、何を問題にしてきたのか。生命、精神、歴史、情報、暴力の五つの層で現代思想をとらえなおし、混迷する時代の思想的課題を浮き彫りにする。

ちくま新書

1002 **理想だらけの戦時下日本** 井上寿一

格差・右傾化・政治不信……戦時下の社会は現代に重なる。その時、日本人は何を考え、何を望んでいたのか？ 体制側と国民側、両面織り交ぜながら真実を描く。

1036 **地図で読み解く日本の戦争** 竹内正浩

地理情報は権力者が独占してきた。地図によって世界観が培われ、その精度が戦争の勝敗を分ける。歴史の転換点を地図に探り、血塗られたエピソードを発掘する！

1127 **軍国日本と『孫子』** 湯浅邦弘

日本の軍国化が進む中、精神的実践的支柱として利用された『孫子』。なぜ日本は下策とされる長期消耗戦を辿り、敗戦に至ったか？ 中国古典に秘められた近代史！

1132 **大東亜戦争　敗北の本質** 杉之尾宜生

なぜ日本は戦争に敗れたのか。情報・対情報・兵站の軽視、戦略や科学的思考の欠如、組織の制度疲労——多くの敗因を検討し、その奥に潜む失敗の本質を暴き出す。

1136 **昭和史講義** ——最新研究で見る戦争への道 筒井清忠編

なぜ昭和の日本は戦争へと向かったのか。複雑きわまる戦前期を正確に理解すべく、俗説を排して信頼できる史料に依拠。第一線の歴史家たちによる最新の研究成果。

1161 **皇室一五〇年史** 浅見雅男 岩井克己

歴代天皇を悩ませていたのは何だったのか。皇位継承、宮家消滅、結婚トラブル、財政問題——様々な確執やスキャンダルを交え、近現代の皇室の真の姿を描き出す。

1184 **昭和史** 古川隆久

日本はなぜ戦争に突き進んだのか。私たちは、何を失い、何を手にしたのか。開戦から敗戦、復興、そして高度成長へと至る激動の64年間を、第一人者が一望する決定版！

ちくま新書

1080
「反日」中国の文明史
平野聡
文明への誇り、日本という脅威、社会主義と改革開放、矛盾した主張と強硬な姿勢……。驕る大国の本質を悠久の歴史に探り、問題のありかと日本の指針を示す。

1082
第一次世界大戦
木村靖二
第一次世界大戦こそは、国際体制の変化、女性の社会進出、福祉国家化などをもたらした現代史の画期である。戦史的経過と社会的変遷の両面からたどる入門書。

1177
カストロとフランコ
――冷戦期外交の舞台裏
細田晴子
キューバ社会主義革命の英雄と、スペイン反革命の指導者。二人の「独裁者」の密かなつながりとは何か。未開拓の外交史料を駆使して冷戦下の国際政治の真相に迫る。

465
憲法と平和を問いなおす
長谷部恭男
情緒論に陥りがちな改憲論議と冷静に向きあうには、そもそも何のための憲法かを問う視点が欠かせない。この国のかたちを決する大問題を考え抜く手がかりを示す。

594
改憲問題
愛敬浩二
戦後憲法はどう機能してきたか。改正でどんな効果が期待できるのか。改憲論議にはこうした実質を問う視角が欠けている。改憲派の思惑と帰結をクールに斬る一冊！

722
変貌する民主主義
森政稔
民主主義の理想が陳腐なお題目へと堕したのはなぜか。その背景にある現代の思想的変動を解明し、複雑な共存のルールへと変貌する民主主義のリアルな動態を示す。

905
日本の国境問題
――尖閣・竹島・北方領土
孫崎享
どうしたら、尖閣諸島を守れるか。竹島や北方領土は取り戻せるのか。平和国家・日本の国益に適った安全保障とは何か。国防のための国家戦略が、いまこそ必要だ。

ちくま新書

1016
日中対立
――習近平の中国をよむ
天児慧
大国主義へと突き進む共産党指導部は何を考えているのか？　内部資料などをもとに、権力構造を細密に分析し、大きな変節点を迎える日中関係を大胆に読み解く。

1031
北朝鮮で何が起きているのか
――金正恩体制の実相
伊豆見元
ミサイル発射、核実験、そして休戦協定白紙化――北朝鮮が挑発を繰り返す裏には、金正恩の深刻な権威不足があった。北朝鮮情勢分析の第一人者による最新の報告。

1033
平和構築入門
――その思想と方法を問いなおす
篠田英朗
平和はいかにしてつくられるものなのか。武力介入や犯罪処罰、開発援助、人命救助など、その実際的手法と背景にある思想をわかりやすく解説する、必読の入門書。

1111
平和のための戦争論
――集団的自衛権は何をもたらすのか？
植木千可子
「戦争をするか、否か」を決めるのは、私たちの責任になる。集団的自衛権の容認によって、日本と世界はどう変わるのか？　現実的な視点から徹底的に考えぬく。

1122
平和憲法の深層
古関彰一
日本国憲法制定の知られざる内幕。そもそも平和憲法は押し付けだったのか。天皇制、沖縄、安全保障……その背後の政治的思惑、軍事戦略、憲法学者の主導権争い。

1199
安保論争
細谷雄一
平和はいかにして実現可能なのか。安保関連法をめぐる激しい論戦のもと、この重要な問いが忘却されてきた。外交史の観点から、現代のあるべき安全保障を考える。

1236
日本の戦略外交
鈴木美勝
外交取材のエキスパートが読む世界史ゲームのいま。「歴史」の和解と打算、機略縦横の駆け引き、舞台裏で支えるキーマンの素顔……。戦略的リアリズムとは何か！

1168
「反戦・脱原発リベラル」はなぜ敗北するのか
浅羽通明
楽しくてかっこよく、一〇万人以上を集めたデモ。だが原発は再稼働し安保関連法も成立。なぜ勝てないのか？勝ちたいリベラルのための真にラディカルな論争書！

1253
ドキュメント 日本会議
藤生明
国内最大の右派・保守運動と言われる「日本会議」。改憲勢力の枢要な位置を占め、国政にも関与してきた。謎めいたこの組織を徹底取材、その実像に鋭く迫る！

1178
銅像歴史散歩〈カラー新書〉
墨威宏
歴史的人物や偉人の像、アニメのキャラクター像など日本全国の銅像を訪ね歩き、カラー写真と共に、豊富なエピソードや現地の情報を盛り込んで紹介する楽しい一冊。

1191
兵隊になった沢村栄治
——戦時下職業野球連盟の偽装工作
山際康之
非運の投手・沢村栄治はなぜ戦地に追いやられたのか。そして沢村の悲劇を繰り返さぬための「偽装」とは何だったか。知られざる戦時下の野球界を初めて描き出す。

907
正義論の名著
中山元
古代から現代まで「正義」は思想史上最大のテーマのひとつでありつづけている。プラトンからサンデルに至る主要な思想のエッセンスを網羅し今日の課題に応える。

1119
近代政治哲学
——自然・主権・行政
國分功一郎
今日の政治体制は、近代政治哲学が構想したものだ。ならば、その基本概念を検討することで、いまの民主主義体制が抱える欠点も把握できるはず！　渾身の書き下し。

1259
現代思想の名著30
仲正昌樹
近代的思考の限界を超えようとした現代思想。難解なものが多いそれらの名著を一気に30冊解説する。知っているつもりになっていたあの概念の奥深さにふれる。

ちくま新書

933
後藤新平
——大震災と帝都復興
越澤明
東日本大震災後の今こそ、関東大震災からの復興を指揮した後藤新平に学ばねばならない。都市計画研究の第一人者が、偉大な政治家のリーダーシップの実像に迫る。

1049
現代語訳 日本国憲法
伊藤真
憲法とは何か。なぜ改憲が議論になるのか。明治憲法と、日本国憲法。「二つの憲法」の生き生きとした現代語訳から、日本という国の姿が見えてくる。

1176
迷走する民主主義
森政稔
政権交代や強いリーダーシップを追求した「改革」がもたらしたのは、民主主義への不信と憎悪だった。その背景に何があるのか。政治の本分と限界を冷静に考える。

1220
日本の安全保障
加藤朗
日本の安全保障が転機を迎えている。「積極的平和主義」とは何か？ 自国の安全をいかに確保すべきか？ これらの点を現実的に考え、日本が選ぶべき道を示す。

1258
現代中国入門
光田剛編
あまりにも変化が速い現代中国。その実像を政治史、文化、思想、社会、軍事等の専門家がわかりやすく解説。歴史から最新情勢までバランスよく理解できる入門書。

1267
ほんとうの憲法
——戦後日本憲法学批判
篠田英朗
英米法ではなく大陸法で日本国憲法を解釈する「抵抗の憲法学」こそが全ての混乱の元である。憲法学者の曲解を排除し、国際協調主義に立つ真の憲法像を提示する。

1250
憲法サバイバル
——「憲法・戦争・天皇」をめぐる四つの対談
ちくま新書編集部編
施行から70年が経とうとしている日本国憲法。改憲論議も巻き起こり、改めてそのあり方が問われている。問題の本質はどこにあるのか？ 憲法をめぐる白熱の対談集。